일류로 만드는
운의 공식

UN NO KYOKASHO — "UMAKUIKUHITO" HA KOKANGAERU
by Takashi Saito

Copyright © Takashi Saito, 2015
All rights reserved.
Original Japanese edition published by Chikumashobo Ltd.
Korean translation copyright © 2025 by Dreamseller Publishing
This Korean edition published by arrangement with Chikumashobo Ltd., Tokyo, through Imprima Korea Agency

이 책의 한국어판 저작권은 Imprima Korea Agency를 통해 Chikumashobo Ltd.과의 독점계약으로 드림셀러에 있습니다.
저작권법에 의해 한국 내에서 보호를 받는 저작물이므로 무단전재와 무단복제를 금합니다.

'운'을 내 편으로 만드는 15가지 공식

일류로 만드는 운의 공식

사이토 다카시 민경욱 옮김

드림셀러

머리말

> "'운'에 관한 사고방식을 확고하게 지님으로써
> 마음을 단단히 하고 긍정적으로 나아가자!"

이 책의 핵심 메시지다. 이 책은 운에 대한 사고방식을 확고하게 지니기 위한 가이드북이다. 확실히 운을 파악하기란 쉽지 않다. 살다 보면 예기치 못한 일이 일어나기도 하고, 부조리하다고 생각하는 일이 느닷없이 들이닥치기도 한다.

운 자체를 내 마음대로 조절할 수는 없다. 그러나 운에 대한 사고방식을 명확하게 하는 일은 지금 당장 할 수 있다. 운에 대한 사고방식이 바뀌면 매사를 어떻게 받아들일지도 바뀐다.

운을 어떻게 생각할지에 따라 운의 방향도 바뀐다. 세상에서

잘나가는 사람을 보고 있자면 자기만의 운명관을 가지고 있다는 생각이 들었기 때문이다. 운명관을 가져야 결과적으로 내 쪽으로 운을 끌어당길 수 있다고 생각한다.

'이 세상은 운이 거의 전부'라고 생각하는 사람도 있고, '세상에 운 같은 건 없어. 다 자기 하기 나름이야'라고 생각하는 사람도 있다. 둘 다 잘 생각하면 마음을 안정시키고 긍정적으로 살아갈 수 있다.

운이 좋거나 나쁠 때마다 일희일비하기보다 '운을 내 편으로 만드는 사고방식'을 의식적으로 익히자. 바로 이 책의 목적이다.

'운이 좋아지기'를 바라는 사람이 많다

'운 좋은 사람'과 '운 나쁜 사람'이 있다면 누구나 자신은 운 좋은 사람이기를 바랄 것이다. 이런 사람들이 많으니 운에 관한 정보가 넘치는 것일 것이다.

아침 TV 프로그램이나 신문을 봐도 '혈액형별 운세', '별자리 운세', '띠별 운세' 등의 코너가 많고, 그 점을 보고 오늘 하루를 시작하는 사람이 적지 않다. 운세나 점은 '운을 알고 싶다'는 욕망의 표현이다. 운을 알고 운의 파도를 잘 타거나 불길한 소리를 들으면 조심하고 싶어진다.

확실히 점 자체에는 효용도 있다. 방금 말했듯이 기분 나쁜 소리를 들으면 조심하게 되고, 좋은 말을 들으면 마음에 담아 두었다가 일에 적극적으로 나서서 결과적으로 일이 더 잘 풀리는 걸지도 모른다.

그러나 점이 악용되면 세뇌(마인드컨트롤)로 이어질 가능성도 있다.

"나는 당신의 미래를 압니다. 그러므로 당신은 내 말을 따라야 합니다. 내 말을 듣지 않으면 큰일을 당할 겁니다."

사람들은 현대만이 아니라 고대부터 이런 이야기에 조종당해 왔다. 인간은 강한 존재가 아니어서 자기 힘으로 어쩔 수 없을 때 무언가에 매달리기 마련이다. 기도나 부적이 과학적인 효용이 없는데도 고대부터 지금까지 계속 이어지고 있는 이유도 그 때문이다.

천재지변과 질병, 죽음처럼 우리 힘으로 어쩔 수 없는 일이 벌어지면 '기도'하며 매달린다. "잘 부탁드립니다!"라고 하며 몸을 내던져 마음의 평온을 찾고 공포와 불안을 가라앉히고자 한다.

'운'에 의지하는 사람과 과학적·합리적으로 생각하는 사람이 병존한다

여기에 '과학적 사고방식'이 들어왔다. 고대 그리스 수학이나 아르키메데스의 물리학을 비롯해 갈릴레오 갈릴레이의 천문학을 거쳐 중세가 막을 내리자 근대 과학의 시대가 찾아왔다.

근대가 되자 '잘 모르는 걸 믿지 말자'라는 흐름이 생겼다. 운이 좋거나 나쁘다는 얘기는 명확하게 판단할 수 없는 일이라서 생각해봤자 소용없는 일이다. 따라서 합리적이고 과학적으로 생각하는 게 나을 것이다.

그 흐름은 갈릴레오에서 시작되어 뉴턴으로 이어진다. 뉴턴은 갈릴레오가 사망한 해에 태어나 근대 과학의 기초를 놓았다. '관찰과 실험'이라는 실증주의가 과학의 기본이다.

윤리적인 사고를 주장한 데카르트는 갈릴레오와 거의 같은 시기에 활약했다. 데카르트는 갈릴레오가 법정에 서는 모습을 보고 아주 조심했다는 이야기도 있다. 어쨌든 데카르트는 '나는 생각한다. 고로 존재한다'라는 사고방식을 널리 알렸다. 하늘이나 신의 힘에 매달릴 게 아니라 스스로 밝힐 수 있는 것들을 하나씩 찾아내자는 사고방식으로 이전의 신 중심에서 인간 중심 사고를 주장했다. 데카르트는 자신이 쓴 책《방법서설》에서 '내 사고력으로 내 기초를 만들자'라며 소리 높여 선언했다.

운에 기대어 기도한 이전 시대에 비해 과학적 사고가 중요해졌다. 그 흐름이 메이지유신 이후 일본에도 들어와 계몽 사상가에게 계승된다. 그리하여 현대에는 운에 의지하는 사람과 '아니야. 과학적이고 합리적으로 생각해야 해'라는 두 가지 사고방식이 병존하고 있다.

이 책을 통해 과연 운이란 무엇인지, 운을 좋게 하는 방법은 무엇인지를 과학적이고 합리적으로 생각해보고자 한다.

차례

머리말 ··· 004

공식 1 '운'을 자신의 것으로 만들 수 있다
- '운'은 내 생각대로 되지 않는다 ··· 021
- '운'은 에너지다 ··· 022
- '운'은 생각이다 ··· 024
- '생각 에너지'를 올리는 법 ··· 027
- '운'은 집요함이다 ··· 031

공식 2 '운'을 어떻게 생각하느냐가 중요하다
- 불교는 '운'에 의지하지 않는 세계를 구축한다 ··· 038
- 비즈니스 세계에서는 자기를 조절한다 ··· 044
- 실존주의에서는 부조리한 세상에서도 '선택'은 있다고 생각한다 ··· 047
- 쾌락주의에서는 행복보다 쾌락을 찾는다 ··· 051

공식 3 '운'에 대한 태도에는 몇 가지 선택이 있다
- '운'을 초긍정적으로 대하는 사람 ··· 055
- '초부정적인 생각'으로 성공하는 사람 ··· 065
- '이 세상은 경쟁이다'라고 생각한다 ··· 070

3장 왜 일류는 '운'이 좋은가

공식 4 '운'은 감성을 갈고닦는 사람에게 온다
- 나쁜 것에 다가가지 않는다 … 082
- 상대의 사인을 놓치지 않는다 … 085
- 선순환을 유지한다 … 088
- 사고가 향하는 방향이 '운'의 방향이다 … 090

공식 5 '운'은 균형 감각이 좋은 사람에게 온다
- 일류는 균형 감각이 좋다 … 094
- 경험과 직관은 연결되어 있다 … 096
- 내 안에 다른 사람의 시선을 갖는다 … 098
- 몸을 다듬는다 … 101

공식 6 '운'은 흔들림이 적은 사람에게 온다
- 매사에 일희일비하지 않고 흘려버리는 기술 … 105
- 단순하게 산다 … 106
- 흐름에 몸을 맡긴다 … 109

4장 '운'을 내 편으로 만들 수 있는가

공식 7 기본 원리를 갖는 게 중요하다
- 경쟁우위에서 싸운다 … 118
- 철학이 사업 성공을 이끈다 … 120
- 수요에 응한다 … 125
- 일부러 어려운 길을 선택한다 … 129

공식 8 '리질리언스(회복탄력성)'를 익힌다
- 회복탄력성이 있는 사람은 무엇이 다른가 … 133
- 자기긍정감이 열쇠다 … 134
- 자연 치유력을 이용한다 … 137

공식 9 우선순위가 높은 것부터 한다
- '운'이 나쁜 사람은 낭비가 많다 … 140
- 낭비를 줄이면 본질이 보인다 … 141

공식 10 '누구를 따를 것인가'가 중요하다
- '이기는 말'에 올라타라 … 150
- 좋은 일과 나쁜 일은 평등하게 일어난다 … 150
- 이기는 사람은 비결을 알고 있다 … 151
- 초보자의 행운을 유지한다 … 152
- 팀을 이루면 '운'이 좋아진다 … 154

5장 어떻게 하면 '운'에 휘둘리지 않는가

공식 11 **'자존심'을 소중히 여긴다**
- 존재 자체를 존중한다 … 162

공식 12 **경쾌하게 나아가는 가벼움을 익힌다**
- 몸과 기분은 연동한다 … 169

공식 13 **무기가 될 '규칙'을 갖는다**
- '운' 좋은 사람에게는 규칙이 있다 … 174
- 상상의 세계로 현실을 풍요롭게 한다 … 176

공식 14 **정신 상태를 평온하게 유지한다**
- 행복의 기준을 단순화한다 … 180

공식 15 **행운의 상자에 의존하지 않는다**
- '운'이 좋아지는 상품은 없다 … 185
- 긍정적인 것만 믿으면 된다 … 187

맺음말 … 192

1장

'운'이란 무엇인가

안정된 시대라면 '운'과 상관없는 인생을 보낼 수 있다

과학이 아무리 발전해도 '운을 신경 쓰는' 마음을 부정할 수는 없다. 선조부터 면면히 이어져 내려온 우리의 '낡은 뇌'는 점술 같은 것을 잘 믿기 때문이다.

다른 이유는 요즘 시대처럼 갑자기 구조조정이 되어 직업을 잃거나 아무리 노력해도 배우자를 못 찾거나 정규직을 얻지 못하고 불안정한 위치에서 일해야 한다면 "나는 운이 나빠"라고 말할 수밖에 없을 것이다.

연공서열이나 종신 고용이 보장된 과거에는 운의 비중이 가벼웠다. 회사에 입사하면 정년까지 보장되므로 주택담보대출도 30년, 40년씩 받았다. 갑자기 해고되는 일도 없으므로 5년 후, 10년 후의 자기 모습을 상상할 수 있었다. 조직 내에서 다소 오르막이나 내리막길이 있더라도 일정한 지위는 유지할 수 있었다.

　반면 장사를 하는 사람은 변화가 많다 보니 공무원이나 직장인보다 훨씬 운을 신경 쓰는 법이다. 결혼에서도 자기 의사가 들어갈 여지가 적은 맞선 결혼일 경우 선택을 놓고 망설일 필요가 없었다. 변동 폭이 작고 선택의 기회가 적으면 그만큼 운을 신경 쓸 기회도 줄어든다.

결론을 미루는 탓에 '운'을 신경 쓰게 된다

　그러나 현대는 일에서도 결혼에서도 선택이 자유로운 만큼 아무래도 결단을 미루게 된다. 서른 살이 훌쩍 넘었는데 독신이라 해서 이상하게 보지 않는다. 하지만 결단을 미루면 그만큼 망설이고 생각할 시간도 길어져 운이 신경 쓰이기 시작한다.

　안정된 사회고 사회 전체가 상향 곡선을 그린다는 희망이 있으면 그만큼 운의 좋고 나쁨을 신경 쓸 필요가 없다. 그러나 요즘처럼 불안정하고 인생의 결단을 미룰 수 있는 세상에서는 오히려 운이 고민 조건이 된다.

　이 장에서는 우리가 신경 쓰는 운이란 무엇인가를 포함해 운의 정체를 여러모로 이야기하고자 한다.

공식 1

'운'을 자신의 것으로 만들 수 있다

'운'은 내 생각대로 되지 않는다

'운명'이란 하늘과 사람이 이어져 있다는 것

우리는 종종 "운이 좋아, 나빠"라고 말하는데 '운이 나쁠' 때 "이건 운명이다"라고 말하기도 한다. 운을 운명과 거의 같은 의미로 보는 것이다.

도교를 연구하는 사람에게 물어봤는데 운명의 '운'은 하늘의 움직임과 운행이고, '명'은 사람의 생명을 말한다고 한다. 그렇다면 운명은 하늘의 움직임과 자신의 생명이 이어져 있음을 의미한다.

그러므로 '운명이 찾아왔어'라고 할 때는 자기 힘으로 어떻게 할 수 없는 강력한 하늘의 힘이 갑자기 내게 떨어진 상황을 뜻한다. 따라서 운명은 하늘의 움직임과 이어져 있으므로 내 생각대로 되지 않는다.

즉, '운명은 곧 운'이라고 말하는 것은 처음부터 내 생각대로 전혀 되지 않는 것, 인지를 초월한 하늘의 움직임이라는 생각이다.

'운'은 에너지다

뭐든 좋으니까 일단 해보자

한편 운을 에너지로 생각하는 방식도 있다. 일본에서 추상 미술 운동을 전개한 현대 미술가로 유명한 오카모토 타로의 사고방식이 바로 '운은 곧 에너지'다.

'왜 그리는가? 그리지 않으면 세상이 너무 따분해서 그린다.

무엇이든 좋으니까 일단 해봐라. 그게 전부다.

잘 만들 필요는 없다. 잘 만들어진 작품은 전혀 재미있지 않다.

상관없으니까 형편없더라도 해라.

내가 친 공이 어디로 갈지는 신경 쓰지 마라.

시원하게 날려버리면 기분이 좋다.'

정말 에너지 넘치는 말들이 가득하다. 이 정도면 운의 좋고 나쁨을 넘어서는 기세가 느껴진다.

운을 에너지라고 생각하면 에너지를 높이기만 하면 매사가 잘 돌아가고 속도가 붙는다. 그렇게 움직이다 보면 운도 따르는 느낌이다.

에너지가 있는 사람은 어떤 상황이라도 극복할 것 같다. "지금 당장 음악을 만드세요"라는 말을 들으면 좋아하는 소리를 마음대로 흥얼거린다. 그림을 그려야겠다고 생각하면 바로 무언가를 그린다. 무엇이든 좋으니까 일단 해보자는 단순한 사고다.

그리고 평가는 그다지 신경 쓰지 않는다. 타로는 형편없는 게 오히려 더 좋다고도 말한다. 이게 잘하게 되는 비결이기도 하다.

누군가 이런 말을 했다.

"하려는 사람은 형편없어도 그냥 해라. 글씨를 잘 못 쓰는 사람은 형편없어도 되니까 글을 많이 쓰라. 생각이 떠오른 날이 길일이므로 무엇이든 생각나면 얼른 하라."

돌파해 나가는 에너지가 운을 개척한다

망설이지 않고 단순하게 돌파하는 에너지가 운 자체를 움직이는 듯하다. 이는 요즘 사람들이 아주 많이 익혀야 하는 자세다. 안전 지향이 강해지면서 상황 변화에 긴장한 탓에 형편없더라도 도전하는 에너지가 부족해졌다. 타로처럼 기세 있는 말을 접하며 돌파하는 에너지를 갖는 게 좋다.

진짜 뭘 하고 싶은지 생각하며 내가 하고 싶은 일을 발견한다.

그리고 무조건 해본다. 그렇게 두려워할 필요는 없다는 에너지만 있으면 운을 뚫고 조절하는 생활방식을 얻게 되지 않을까?

'운'은 생각이다

생각하는 에너지로 온몸을 채운다

내 힘으로 운을 잡을 수 있다는 사고방식 중 하나가 운을 생각으로 보는 것이다. 그 대표가 교세라를 창업한 이나모리 가즈오다. 이나모리는 생각의 중요함을 이렇게 주장했다.

> "인생은 마음에 그린 대로 됩니다. 강력하게 생각한 게 현상이 되어 나타난다. 좋은 생각을 하면 좋은 인생이 열립니다. 나쁜 생각을 품으면 인생은 잘 풀리지 않습니다. 이 우주에는 그런 법칙이 작동하고 있습니다."

이나모리는 경영의 신으로 알려진 마쓰시타 고노스케의 강연을 들으며 이 법칙을 깨달았다. 고노스케는 강연에서 유명한 댐 경영을 이야기했다. 자금의 댐을 만들고 물(자금)을 모은 다음 물의 양을 일정하게 유지하면 경기에 좌우되지 않는 경영이 가능하다는 이야기였다. 강연이 끝나고 질의응답 시간에 고노스케에게 청중들이 질문을 던졌다.

"어떻게 하면 댐 경영이 가능할까요? 그걸 모르면 시작이 안 되잖아요?"

고노스케가 이 질문에 대해 이렇게 말했다.

"저도 모릅니다. 하지만 몰라도 댐을 만든다는 생각을 포기하면 안 됩니다."

강연장에 실소가 퍼졌다. 그러나 이나모리만은 '몸에 전류가 관통하는 듯한 큰 충격'을 받았다고 한다. 일단 마음이 외치지 않으면 방법을 찾을 수 없다. 방법을 알려달라고 해서는 운이 따르지 않는다.

'일단은 생각한다. 이 '생각 에너지'를 집중적, 폭발적 상태로 만들 것, 그게 운을 열고 미래를 만든다'고 이나모리는 생각했다.

그 생각에 대해 이나모리는 다음과 같이 말했다.

"막연히 '그렇게 되면 좋겠어'라고 생각하는 어정쩡한 수준이 아니라 강렬한 바람으로 잘 때도 일어날 때도 하루 종일 그것만 생각합니다. 머리 끝부터 발톱까지 그 생각으로 온몸을 채우고 베이면 피 대신 그 '생각'

이 흐릅니다. 그만큼 오로지 한 가지 생각만 몰두하면 그게 매사를 성취하는 원동력이 됩니다."

어떤가. 생각을 에너지로 삼는다는 말은 이런 것이다.

강력한 '생각'이 현실을 만들어낸다

강력한 생각이 현실을 만들어낸다는 사고방식은 의외로 많다. 나폴레온 힐Napoleon Hill이 쓴 책《생각하라 그리고 부자가 되어라》는 앞의 내용과 딱 맞는 제목으로, 전 세계에서 1억 2천만 부 이상이 팔렸다고 한다. 신문 기자였던 나폴레온 힐은 카네기 홀을 지은 철강왕 앤드류 카네기Andrew Carnegie 같은 세계 유수의 성공한 사람을 만나 그들의 공통점을 샅샅이 찾아내 이 책을 썼다.

생각이 현실이 된다면 종교 같은 인상을 받을 수 있는데 뭔가를 원하지 않으면 어떤 행동도 하지 않을 테니까 당연히 현실은 되지 않는다.

"정신을 차리니 음악가가 되어 있었어", "나도 모르게 의사가 되었어"라는 일은 없다. 음악가가 되겠다고 마음먹어서 음악가가 되었고, 의사가 되겠다고 생각해서 의사가 된 것이다. 대부분의 일은 그 사람이 되고 싶다고 강력하게 바랐기 때문에 그렇게 된 것이므로 그렇게 생각하면 바람이 현실이 되는 건 어쩌면 당연하다.

그러고 보면 나 역시 학창 시절에 "큰사람이 되고 싶어"라는 말을 달고 살았다. 내 친구들은 대부분 성품이 좋은 사람이라 "네가 큰사람이 되면 좋겠어. 응원할게"라며 격려해줬다.

한번은 내가 "너는 큰사람이 되고 싶지 않아?"라고 친구에게 물었더니 그는 "나는 괜찮아"라고 대답했다. 모두가 다 큰사람이 되고 싶은 게 아니라는 사실에 정말 놀라웠다. 친구로부터 "큰사람이 된다는 게 뭐야?"라는 질문을 받자 '어라? 그게 뭐지?'라고 생각한 적도 있었다. 지금 생각하니 꿈을 이루기엔 너무 막연한 꿈이었다.

'생각 에너지'를 올리는 법

운의 정체가 생각이라면 생각 에너지를 강화하면 운도 강해질 것이다. 선구자들이 말한 에너지 강화 방법을 이야기해보겠다.

바람을 컬러로 떠올린다

"이미지가 컬러로 보일까요?"

운의 에너지를 올리는 방법으로 이나모리 회장이 한 질문이다.

"흑백으로 보이는 동안에는 아직 불충분해서 때가 아닌 겁니다. 현실에 더 가깝게 컬러로 보여야 정말 생생하게 일어납니다. 스포츠에서 하는 이미지 트레이닝과 비슷한데 이미지도 끝까지 농축되면 '현실의 결정'이 보입니다."

어느 날, 이나모리는 연구원이 고생해서 만든 제품을 반려했다. 성능은 충분히 좋았지만 그가 생각한 것과는 달랐기 때문이다.

"내가 본 건 이렇게 색이 바랜 세라믹이 아니야."

연구원은 한숨을 내쉬었지만 이나모리는 수없이 다시 만들게 해서 마침내 그가 원하는 이상적인 제품을 완성했다. 그에게는 현실이 재현될 모습이 컬러로 선명하게 보였던 것이다.

선명한 이미지로 떠올릴 수 있다면 성공했을 때의 이미지에서 역산해 이렇게 되려면 이렇게 해야 한다고 시뮬레이션을 할 수 있다. 최종적인 형태가 보이기 때문에 그렇게 되려면 무엇을 할지도 반드시 보이게 된다. 결국 다른 사람보다 목표에 빨리 도달해 "운이 좋네"라는 소리를 듣게 된다.

종이에 써 본다

그런데 이미지를 떠올리는 것으로 부족한 사람은 종이에 써 보는 방법도 있다. 예전에는 수험생이 '일류대까지 곧장'이라고 적어서 벽에 붙여 놓곤 했다. 경쟁이 격렬한 시대는 그런 게 위력을 발휘한다.

그저 단순한 말이라도 종이에 적으면 형태가 되어 의지가 강해지게 마련이다. 문자란 그야말로 사고를 각인하는 일이다. 그러므로 컴퓨터에 쳐서 프린트하기보다 직접 손으로 쓰는 게 더 육체성이 있어 각인되는 느낌이 크다.

공자의 말을 제자들은 각인하듯 들었다. 한 제자는 "옷 안쪽에 써도 될까요?"라며 공자의 말을 자기 옷에 적어 마음에 새겼다고 한다.

옛날 사람은 말에 힘이 있다는 것을 알아서 언어의 힘을 이용해 운을 다스렸다. 이처럼 한마디 한마디 말로 정성껏 목표를 적어 생각을 강화하는 일은 운의 에너지를 올리는 데 효과적이다.

다른 사람에게 말해본다

말을 적는 일도 좋은데 얼른 다른 사람에게 말하는 방법도 있다. "소설가가 되고 싶어" 혹은 "프로 축구 선수가 되고 싶어"라고 선언하는 것이다. 다른 사람에게 말함으로써 내 바람이 분명히 보이기 시작한다.

 게다가 다른 사람에게 말하면 망설임이 사라지므로 작가가 되려면 일단 공모전 신인상에 응모하는 등의 행동에 나서게 된다. 그러면 놀랍게도 자기에게 재능이 없다는 사실을 깨닫고 '이 길은 내 길이 아니네'라고 알 때도 있다. 안 된다고 포기하면 얼른 다른 길을 찾을 수 있으므로 그 역시 '행운이었어'라고 생각할 수 있다.

 나도 고등학교 때 진심으로 프로 테니스 선수가 되고 싶었는데 어느 작은 아마추어 대회에서 지고 '여기서도 질 정도니 프로는 안 되겠어'라고 포기한 적이 있다.

 아무리 강력하게 바라더라도 안 되는 건 안 되는 거다. 예전 시대에 살던 사람이 메이저리그에서 성공하겠다는 바람을 가질 수 없듯 현실이 존재하지 않는다면 바람조차 품을 수 없다.

우리는 자기만의 현실을 가지고 있으므로 아무리 운이 강해도 그 현실과 동떨어진 소원을 이룰 수는 없다. '나도 이 정도라면 어떻게든 할 수 있을 것 같아'라는 곳에서야말로 생존을 걸고 온 힘을 다하므로 좁은 길이 열리는 것이다.

다른 사람에게 선언함으로써 바람이 더 분명해지고 실제 행동에 나선다. 빨리 결론을 내리고 에너지를 투입하면 길이 보이기 시작한다. 이런 의미에서 운의 에너지가 올라간다고 할 수 있다.

'운'은 집요함이다

좋은 찬스는 누구에게나 찾아오지 않는다. 그러나 기회만 있다면 기회를 찬스로 바꿀 가능성은 있다. 그런 의미에서 운은 기회이며, 기회는 포기하지 않는 집요함이라고 할 수 있다.

원칙과 기본에 충실한 바른 농사로 세상에서 단 한번도 맛볼 수 없었던 사과의 신화를 창조한 《기적의 사과》의 주인공 기무라 아키노리는 농약과 비료를 주지 않고 사과 농사를 하는 어려운 일에 도전한 사람이다.

"내가 너무 바보 같아서 틀림없이 사과나무도 어이가 없어 열매를 맺어 줬을 겁니다. 하하하! 워낙 바보라, 언젠가는 되겠지 싶은 마음으로 멧돼지처럼 돌진했죠."

기무라는 수없이 실패했으나 결코 포기하지 않았다. 이처럼 집요한 사람에게는 운이 따른다. 실험을 반복하고 가설, 실험, 검증을 되풀이한 결과 마침내 기적의 사과를 얻는 데 성공했다.

과학계에서도 시도와 실패를 수없이 계속한 결과 엄청난 발견을 할 때가 있다. 기회를 만들고 포기하지 않는 집요함이 결국 운을 끌어당기는 것이다.

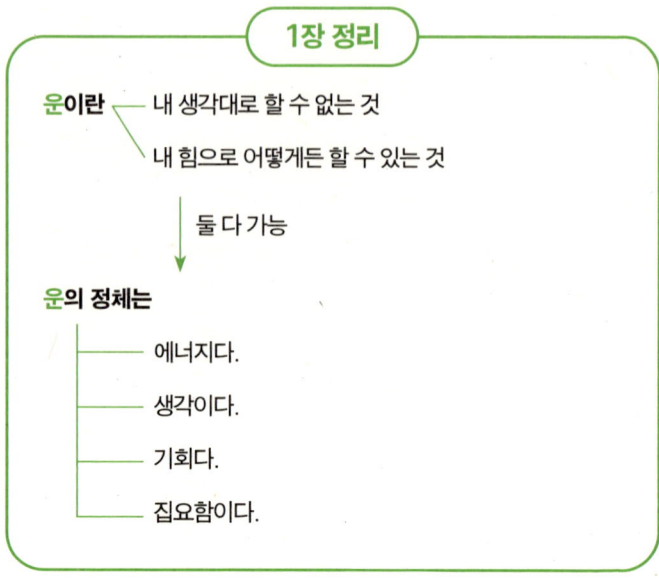

2장

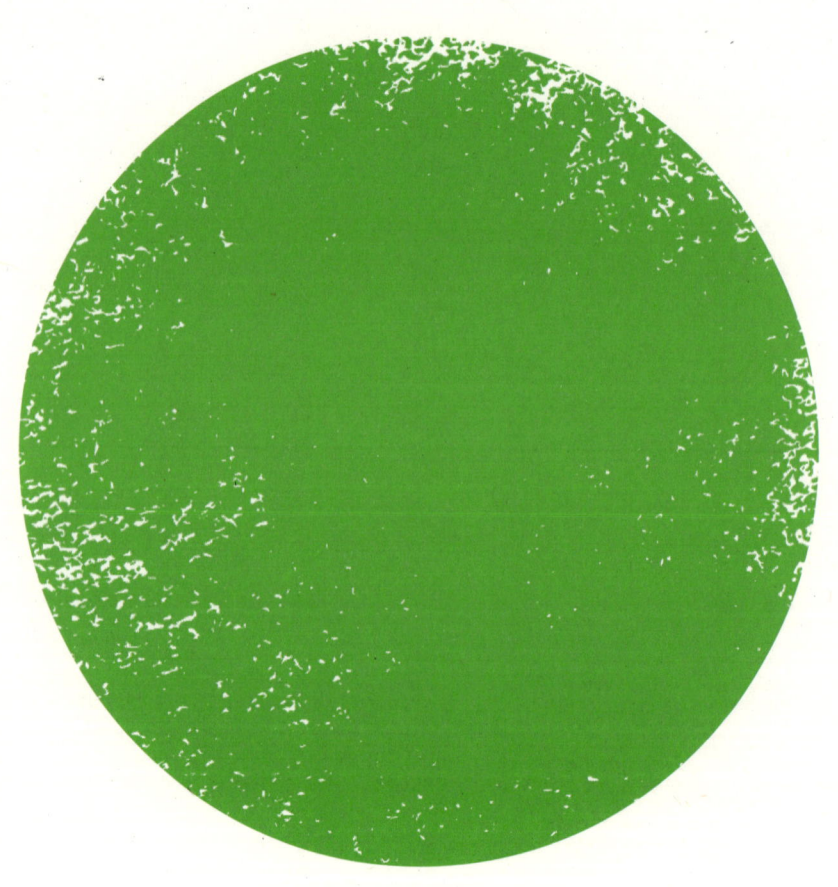

'운'을 어떻게 대할 것인가

이번 장에서는 운을 어떻게 잡을지, 운에 대한 사고방식을 생각해보고자 한다. 운을 대하는 태도를 생각할 때 운을 용에 비유하면 용에 잡아먹힐 것인지, 아니면 용에 올라타 자유자재로 용을 조종할지에 따라 우리의 삶은 완전히 달라질 것이다.

운을 놓쳤다고 생각하면 '어차피 나는 운이 나쁘니까 살아봤자 소용없어'라는 마음까지 들면서 스스로 목숨을 버리기도 한다. 즉 용에 먹혀버리고 만다.

운에 어떻게 맞설 것인가.

운을 대하는 태도를 익히면 절망에 빠지지 않는 훈련이 가능해져 운에 휘둘리지 않는 상황을 만들 수 있게 된다.

공식 2

'운'을
어떻게 생각하느냐가
중요하다

불교는 '운'에 의지하지 않는 세계를 구축한다

인간은 생로병사에서 벗어날 수 없다

운은 개인적으로 바꿀 수 없다는 사고방식이 일반적이다. 인류는 다양한 위험과 고난을 만나면서 운에 우롱당하는 인생에 대해 고민한다. 그 고민을 해결하는 한 가지 방법이 종교다. 그중에서도 불교는 운에 의지하지 않는 깔끔한 사고방식으로 운을 대한다.

불교의 근간에는 생로병사라는 사고방식이 있다. 붓다는 인간은 생로병사라는 네 가지 고통에서 벗어날 수 없다고 말했다. 생로병사, 즉 인간은 삶 자체가 고통이며 여기에 늙는 고통, 병으로 인한 고통, 죽음이라는 고통까지 인간은 고통에서 근본적으로 벗어날 수 없다는 것이다.

그렇다면 어떻게 이 네 가지 고통과 대면해야 하냐면 희망을 품지 않으면 된다. 욕망을 줄이면 고통도 그만큼 줄어들기 때문이다. 일종의 포기와 비슷한 결연한 경지가 있다. 이를 '열반', '너바나'라고 한다. 열반은 저세상이 아니라 이 세상에 있다. 내 마음가짐 하나로 어떤 일에도 흔들리지 않는 평온한 상태를 얻자는 게 불교의 가르침이다.

이 세상에 집착이 있으면 '명예를 원해', '돈이 필요해', '예뻐

지고 싶어'와 같은 욕심이 생긴다. 그러나 원하는 걸 얻지 못하면 운이 나쁘다고 생각한다. 그런데 처음부터 욕심이 없으면 운 나쁠 일도 없으니 이 고통에서 벗어나 평온한 마음이 된다.

밖에서 폭풍우가 몰아쳐도 안전한 항구처럼 언제나 평온한 마음만 유지하면 무슨 일에도 흔들리지 않는다. 천재지변이 일어나도, 어떤 유혹이 있어도 열반의 경지에 달한 붓다라면 흔들리지 않을 것이다.

무슨 일이 생겨도 받아들이는 경지

붓다가 평온한 경지에 이르렀음은 대장장이 순타와의 대화로도 잘 알 수 있다. 당시 대장장이는 그다지 신분이 높은 사람이 아니었다. 순타는 가난했지만 붓다를 위해 애써 음식을 만들었다. 그가 만들어준 버섯 요리를 먹는 순간 붓다는 이상하다고 생각했지만 그대로 다 먹었다.

결국 붓다는 갑자기 몸 상태가 나빠져 숨을 거두고 마는데 그 순간조차 "순타는 후회하지 않아도 된단다"라며 배려를 잊지 않았다. 어떤 일이 일어나더라도 그 상황을 받아들이고 평온한 경지에 있으면 운이 좋고 나쁨을 놓고 계속 떠들 일이 없을 것이다.

일희일비하지 않으면 운은 증폭하지 않는다

열반은 '깨달음'이라고도 한다. 마음의 평온을 통해 열반의 상태에 있는 게 깨달음이다. 깨달은 사람이 '오늘은 운이 없어' 혹은 '난 운이 나빠'라고 투덜댈 일은 없다. 불교의 고행으로 유명한 '천일회봉행(千日回奉行, 천 일 가운데 백 일 동안 히에이산에서 험한 언덕을 오르는 고행-옮긴이주)'을 하는 사람은 운에 의지하지 않는다. 몸이 다소 아파도 열도 재지 않는다고 한다. 열이 나도 수행을 거를 수 없으니까. 쉴 수 없다면 열을 재든지 안 재든지 마찬가지이기 때문이다.

마음속으로 결단을 내린 상태이기 때문에 가령 운이라는 존재가 있든 없든 자신에게 큰 문제가 아니다. 운을 중요하게 생각하지 않는 게 깨달음이라고 할 수 있을 것이다.

불교가 일본에 들어오면서 국가를 지킨다는 호국불교 사상과 함께 하늘이 내리는 행운을 기도하며 다 같이 대불을 숭배하게 되었다. 천재지변이 일어나면 "신이시여, 부처님이시여!"라고 외치며 빌었다. 일본 신도와 불교가 엉망진창으로 뒤섞이고 말았다.

인간은 약한 존재라 외부에 무슨 일이 생기면 자신은 조용한 항구라는 깨달음의 상태를 유지하기 힘들다. 그러니 무언가에 매달려 기도하고 마음을 다스리려는 것도 어느 정도는 어쩔 수 없을 것이다.

그러나 우리는 나름대로 일희일비하지 않는 경지를 조금이나마 연습할 수 있다. 일단 내 힘으로 어떻게 할 수 없는 커다란 힘이 운이라면 그 운에 대해 깨달음이라는 태도를 유지함으로써 운이 좋지도 나쁘지도 않게 한다. 싫은 일이 있더라도 싫지 않고 좋은 일이 있더라도 너무 흥분하지 않는, 즉 일희일비하지 않는 상태로 차분하게 있으면 결과적으로 운명이 놓은 덫을 크게 증폭할 일도 없다.

이런 사람은 늘 평온해 '저 사람에게는 늘 운의 바람이 불고 있는 듯해'라는 인상을 보여서 주위 사람도 안심하고 어울릴 수 있고 다른 사람들도 좋아해서 결과적으로 운이 좋아질 때가 많다.

불행이 꼭 운이 나쁜 건 아니다

일희일비하지 않는 기술을 익히고 있으면 동양에서는 '배짱이 있어', '그릇이 크네'라고 평가된다.

중국 고전에 등장하는 '인간만사 새옹지마(人間萬事塞翁之馬)'라는 말도 일희일비하지 않는 태도의 소중함을 설명하고 있다. 이 이야기를 대충 설명하자면 새옹이라는 노인이 키우던 말이 도망치고 말았다. 주위 사람이 안됐다고 하자 새옹은

"정말 안된 일일지는 모르지"라며 낙담하지 않았다.

얼마 후 도망친 말이 많은 야생마를 데리고 돌아왔다. 이번에는 주위 사람들이 "운이 좋네요"라고 요란을 떨었으나 노인은 "어떤 재앙이 올지 몰라"라고 말했다. 그 말대로 새옹의 아들이 말에서 떨어져 다쳤다. 이것도 주위에서 보면 불행인데, 아들은 다친 덕분에 징병 대상에서 빠져 전쟁에 나가지 않아도 되었다.

이렇듯 무엇이 다행인지 불행인지는 모르므로 나쁜 일이 일어나도 '운이 나쁘다'라고 단언할 수 없다. 일일이 일희일비하지 않고 조용히 받아들이는 게 새옹의 마음가짐이다.

여기서 배울 점은 어떤 사건이 일어났을 때 "앗, 운이 없네"라고 마음대로 결정해서는 안 된다는 것이다. 올림픽에서 메달을 딴 선수의 인터뷰에서도 "그때의 패배(부상)가 있어서 지금의 내가 있다"라는 말을 자주 듣는다.

어느 프로 축구 선수도 부상을 당하는 바람에 전혀 다른 훈련을 했더니 오히려 지금까지는 없었던 힘을 얻게 되었다고 말하기도 했다. 다른 사람이 보기에는 다쳐서 "운이 나빠"라고 말할 상황인데 그 선수는 그걸 나쁜 일로 받아들이지 않고 오히려 전화위복으로 생각하며 운의 나쁜 영향을 막아버린 것이다.

마이너스를 마이너스인 채로 두지 않는다

운은 확실히 모든 사람에게 공평하게 찾아오지 않는다. 불운이 자주 찾아올 때도 있는데 그걸 마이너스로만 받아들이지 않도록 행동해야 한다.

이 방식은 붓다의 깨달음보다 좀 더 긍정적이다. 예를 들어 대학 입시에 떨어져 일 년간 재수를 해야 한다고 하자. 그렇다면 열심히 공부한 결과 '대학에 일 년 먼저 들어가기보다 제대로 공부해 인간적으로 더 성장했다'라고 생각하면 된다.

내가 가르친 한 대학생도 졸업 후 얼마 뒤 아버지가 돌아가셨다. 그때까지는 자기밖에 모르는 자기중심적인 타입이었는데 아버지가 돌아가시면서 인간적으로 훌쩍 성장해 주위를 잘 보살피는 사람이 되었다. 지금은 아주 좋은 교사로 성장했다.

그에게 아버지가 돌아가신 일 자체는 불행이었지만 단순한 불행으로 끝나지 않았다. 그 일로 성장할 수 있다면 아버지의 죽음을 불운이라고만 생각할 수 없다.

비즈니스 세계에서는 자기를 조절한다

이타심과 감사하는 마음으로 움직여야 장사도 잘된다

비즈니스 세계에서도 운은 아주 큰 관심사다. 나쁜 흐름을 그저 조용히 받아들여서는 장사가 잘될 리 없다. 장사란 큰 바다를 항해하는 것과 같다. 경제라는 거대한 바다에서 내 회사와 사업이 어떻게 될지 생각하고 조절하는 게 비즈니스 세계에서 운을 대하는 사고방식이다.

상인 가문의 가훈을 연구한 적 있는데 '신불(神佛)을 소중히 여겨야 한다'라는 가훈이 가장 많았다. 특히 상인 가문은 감사하는 마음을 가지지 않으면 장사가 성립되지 않는다. 우선 신불을 모셔 자신을 겸허하게 유지하고 감사하는 마음을 잊지 않도록 경계한다.

상인 가문에 두 번째로 많은 가훈은 '나를 위해서가 아니라 이타심으로 움직인다'라는 것이다. 자기만 이득을 얻고 손님에게 손해를 끼치는 게 아니라 내가 조금 손해라는 생각이 들 때가 가장 적당하다는 가르침이다. 이는 지금까지 유지되고 있는 시가현 일대의 오우미 지방 상인의 사고방식이다.

오우미 지방 상인의 가훈에는 '팔고 후회하는 게 상인의 최선'이라고 적혀 있다. 손해와 이득을 가리지 말고 누군가가 원하면 얼른 팔라는 것이다.

왜냐하면 상대는 그 가격에 산 걸 좋아할 테니까. 손님이 기뻐해야 장사가 잘된다. 결과적으로 모두에게 이득인 방법은 "그 가게는 언제나 손님으로 북적여", "좋은 가게가 있어"라는 말을 듣는 것이다. 그러면 다른 사람이 봐도 운이 좋아진다.

신을 소중히 하는 마음과 합리성은 양립한다

마쓰시타 고노스케는 마쓰시타 전기산업(현 파나소닉)을 만든 대단한 경영자다. 그는 자기 생각을 전하려고 PHP Peace and Happiness through Prosperity 연구소를 세웠는데, 번영을 통해 인류의 평화와 행복을 실현하는 게 목적이다.

나도 PHP에서 책을 내는 관계로 교토 연구소에 갔는데 사옥 상층부에 기도할 수 있는 훌륭한 신전이 있었다. PHP에서 일하는 사람들은 아주 중요한 순간에 "이런 일이 있는데, 정말 최선을 다하겠습니다"라고 종이에 적어 신전에 올린다고 한다. 고노스케도 똑같이 신을 소중히 여기며 기도하는 습관이 있어서 그 전통을 계승한 것이라고 한다.

그렇다고 고노스케의 경영이 신에만 의지한 것은 아니다. 오히려 신의 계시를 듣지도 않았다. 심리적인 면에서 신에 기도하는 일과 합리적인 생각은 양립할 수 있다.

솔직한 초단이 되세요

마쓰시타 고노스케는 '운명'에 대해 이렇게 말했다.

> "나는 이렇게 생각합니다. 인간은 90퍼센트까지는 운명에 의해 결정됩니다. 나머지 10퍼센트는 자기 의지로 좌우할 수 있습니다."

장사를 하다 보면 이런 생각이 들지 않을까? 그가 가장 중요하게 꼽는 점은 '솔직함'이다. 그의 책 《실천 경영 철학》에 '솔직한 마음의 초단'이라는 말이 나온다.

> '솔직한 마음이 되고 싶다고 강하게 바라며 매일 그 마음으로 지내면 1만 일 곧 약 30년이 지나면 솔직한 마음의 초단이 되지 않을까 생각한다. 초단만 되면 일할 때 어느 정도는 솔직한 마음이 작동해 더 큰 실수를 저지르는 일은 피할 수 있을 거다. 그렇게 생각하며 날마다 명심하고 내 언동을 반성하며 조금이라도 솔직한 마음을 키우려고 한다.'

솔직해지지 않으면 다른 사람의 진심을 듣지 못하게 되고 배움도 줄어든다. 그런 상황에서는 성장할 수 없어서 장사도 기울어진다. 솔직하게 사는 게 제일 중요하다. 그러나 솔직해지는 일은 쉽지 않다 그러니 솔직해지려고 늘 다짐해야 한다는 말이다.

여기에 운을 좋게 만드는 힌트가 있다. 불교가 운 자체를 초월해 깨달음이라는 자기 세계를 만든다면, 고노스케는 세상의 대부분은 운이라고 생각하고 솔직하게 운과 대면해 운을 활용하고자 한다.

운이 용이라면 용은 솔직한 사람의 마음에는 순종할 것이다. 이처럼 비즈니스 세계에서는 '자신'을 유연하게 조절하고 변화함으로써 운 자체를 좋게 만들고자 한다.

실존주의에서는 부조리한 세상에도 '선택'은 있다고 생각한다

미래의 나를 만드는 건 내 선택

실존주의라고 하면 '실재란 무엇인가'라는 철학적인 이야기가 되어버려 조금 어려워진다. 여기서는 '생활방식으로서의 실존주의'에 한정해 설명하고자 한다. 느닷없이 세상에 태어나 살아가는 일은 이해할 수 없는 일의 연속이다. 이 세상은 부조리한데 이런 세상에 어쩔 수 없이 살아야 하는 상황을 실존주의에서는 '피투적(被投的, 세상에 던져진 존재 - 옮긴이 주)'이라고 한다.

내가 원해서 이 시대, 나라, 집에서 태어난 게 아니다. 또한 원해서 이런 일을 하는 게 아니다. 내 탓이 아닌데 이렇게 되어 버렸다는 게 피투적이다. 그야말로 던져진 상태다.

그러나 세상에 우롱당하기만 하는 게 아니라 선택할 수도 있다고 한다. 오른쪽으로 가거나 왼쪽으로 가거나 한가운데로 가는 등 우리는 늘 무언가를 선택하며 산다. 그 선택이 쌓이고 쌓여 미래가 생기므로 미래를 만드는 건 결국 우리 선택이다.

피투적 상태의 세상에서도 실은 스스로 선택할 수 있지 않을까. 선택에 따라 미래의 나를 만들 수 있다는 것을 '기투(企投, 스스로 세상에 던지는 존재 - 옮긴이 주)'라고 부른다.

그렇다면 다시 살아 보자는 강인함

프랑스 작가 알베르 카뮈의 책 《시지프의 신화》는 신의 노여움을 산 시지프의 이야기다. 그는 산 정상까지 커다란 돌을 굴리고 올라갔다가 다시 떨어뜨리고 또 굴리고 올라가야 하는 일을 영원히 계속하라는 벌을 받았다. 카뮈는 시지프를 '부조리의 영웅'이라고 불렀다. 영원한 부조리를 짊어졌음에도 절망하지 않고 다시, 또다시 돌을 굴리는 그야말로 부조리의 영웅이라는 것이다.

운명에 지려는 순간, "그래도 다시 한 번"이라고 말하는 행위는 니체 역시 《차라투스트라는 이렇게 말했다》에서 다음과 같이 언급했다.

"이 세상에는 정말 많은 일이 일어난다. 이런 인생을 다시 반복해야 한다면 끔찍할 것이다. 그럴 때일수록 '이게 삶인가? 그렇다면 좋아! 다시!'라고 말하는 게 중요하다."

차라투스트라의 제자는 또 이렇게 말한다.

"지상에 산다는 건 보람 있는 일이다. 차라투스트라와 함께한 하루, 하나의 축제가 내게 이 대지를 사랑하는 법을 알려주었다. '이게 삶인가?' 죽음에 말할 것이다. '좋아! 그렇다면 한 번 더!'"

힘든 일이 많더라도 '그렇다면 한 번 더 해보자'라는 강인함을 가진다면 분명 인생의 풍향이 바뀌게 된다.

내 선택이니 불평하지 않는다

실존주의 사고방식에서는 세상은 부조리로 가득 차 있더라도 미래는 내가 '선택한 길'이므로 운이 좋다거나 나쁘다는 말로 변명할 수 없다.

"이런 결혼을 내가 하다니 운이 나빴어"라고 불평하면 "그렇다면 그 결혼을 결정한 사람은 누구지?"라는 질문이 날아올 것이다. "아니, 부모님이 밀어붙여서 억지로 결혼했어"라고 대답해도 "최종적으로 결정한 사람은 당신이야"라는 얘기가 돌아온다.

"부모님이 의사가 되라고 해서 의사가 되었는데 이런 인생을 살고 싶지는 않았어. 사실은 음악가가 되고 싶었어"라고 말하면 "그럼, 음악가가 되면 됐잖아?"라는 소리만 들을 것이다.

"부모님이, 부모님이……"라고 말해도 내 인생이므로 진짜 음악가가 되고 싶었다면 부모의 반대를 물리쳤으면 된다. 그러니 음악가가 아니라 의사를 선택한 사람은 나이지 부모의 탓은 아니다.

다른 사람을 탓할 수 없으면 결과가 어떻든 '그것도 각오하고 하자'라는 마음이 들어 불평할 수 없게 된다. 운의 탓으로 돌릴 수도 없다. 이것도 또 다른 운을 대하는 사고방식이라고 할 수 있다.

쾌락주의에서는 행복보다 쾌락을 찾는다

순간의 쾌락을 원하는 삶에서 '운'은 필요 없다

우리는 '행복'을 원합니다. 운이 좋아서 행복하고, 운이 나빠서 불행하다고 생각한다. 그러나 행복은 사람마다 기준이 제각각이고 행복의 내용 역시 분명하지 않다. 그래서 애매한 행복보다 '쾌락'을 추구하는 사고방식도 있는데, 바로 '쾌락주의'다.

작가 시부사와 다쓰히코가 쓴 책 《쾌락주의 철학》에서는 쾌락과 행복의 차이를 설명한다. 먼저 행복이다. 봉건시대에는 무사가 으스대며 농민을 못살게 구는데 농민이 불행했냐면 꼭 그렇지도 않았다. 전쟁에서 피를 흘리고 죽는 사람은 무사이므로 누가 더 행복한지 불행한지는 모른다는 것이다.

또한 행복과 쾌락의 차이를 말하며 "쾌락에는 확고하고 객관적인 기준이 있어서 손에 쥘 수 있는 신선한 감촉과 중량감이 있습니다"라고 했다. 맛있는 음식을 먹으면 '아! 맛있다!'라고 생각하는 게 바로 쾌락이다.

예컨대 한순간의 도취라도 그 강렬함, 온도, 중량, 황홀감은 미적지근한 행복으로는 담을 수 없을 만큼의 눈부신 만족을 준다. 이렇게 생각하면 쾌락은 순간석이고, 행복은 지속적이라고 말할 수 있다는 것이다. 쾌락은 이 순간을 최고라고 느끼는 것이다. 시부사와는 행복과 비교하면 쾌락은 극히 감각적이다.

또한 미래의 밝은 사회를 그려도 눈앞의 일이 즐거울 수는 없다. 시부사와는 이런 주장은 종교라고 말한다. 쾌락을 키워드로 삼으면 편협한 사고방식에서 벗어날 수 있다. 과거 무가나 상인 가문처럼 가문의 존속을 위해 검약하고 평생 조심하며 사는 삶과 노후를 위해 젊을 때 아껴 저축하고 즐거움에 낭비하지 않는 삶과는 정반대다.

시간이여, 멈춰라. 당신은 아름다워

사디즘의 어원이 된 18세기 프랑스 소설가 마르키 드 사드도 쾌락을 추구한 사람이었다. 그의 책《밀실에서나 하는 철학》을 읽으면 질투심이란 존재하지 않는다.

> '여자는 단 한 남자만을 위해 만들어진 게 아니다. 자연은 모든 남자를 위해 여자를 만들었다. 여자는 그저 이 신성한 자연의 목소리에만 귀를 기울여 자신을 원하는 모든 남자에게 상대를 가리지 않고 몸을 맡겨야 한다.'
> _《밀실에서나 하는 철학》'네 번째 대화' 중에서

철저히 쾌락을 추구하므로 아이를 키울 때도 엄청나게 도량이 넓어진다. 헤이안 시대 고전《겐지 이야기》의 히카루 겐지도 결국은 아내가 불륜해 낳은 아이를 자기 아이로 키우는데 허무함이 늘 감돈다. 사드 후작이 더 쾌락주의를 철저하게 실천한다. 그 정도면 행복이냐 불행이냐, 운이 좋으냐 나쁘냐의 문제는 초월하고 만다.

악마 메피스토펠레스와 계약한 파우스트 박사도 죽음의 순간 "시간이여, 멈춰라. 당신은 아름다워"라며 최고로 행복한 순간을 맛본다. 그런 순간이 있다면 영혼을 팔아넘겨도 괜찮다고 할 정도로 멋진 순간. 인생에서 시간이 멈추길 바랄 정도의 순간이 얼마나 될까. 그게 인생의 진수라고 쾌락주의자들은 말한다.

그야말로 다이내믹한 삶의 방식이다. 내일을 위해 오늘을 희생하는 게 건실한 삶이겠지만 지나치면 삶의 반짝임을 잃어버린다.

모험심과 야심을 지닌 사람이 주위 사람을 즐겁게 하고 다들 그를 소중히 여긴다.

쾌락을 좇는 삶도 운이라는 용에 우롱당하지 않는 사고방식의 하나라고 할 수 있다.

공식 3

'운'에 대한 태도에는
몇 가지 선택이 있다

'운'을 초 긍정적으로 대하는 사람

종교와 사상에서는 운을 어떻게 생각할까. 이번에는 더 개인적인 영역으로 내려와 운에 우롱당하지 않기 위해 개인적으로 갖춰야 할 태도를 살펴보고자 한다.

운에 대한 태도에는 몇 가지 패턴이 있다. 그중 하나가 운을 초 긍정적으로 대하는 사고방식이다. 초 긍정적으로 생각하면 모든 걸 좋게 해석하기 때문에 나쁜 일은 전혀 일어나지 않는다. 병에 걸려도 다리가 부러져도 회사가 파산해도 별일 아니라는 낙관주의가 결과적으로 좋은 운을 가져오기도 한다.

가족이 함께 '운이 좋다'라고 외친다

가까운 지인 중에는 집에서 온가족이 함께 "운이 좋아, 운이 좋아, 운이 좋아!"라고 외친다고 한다.

'나, 운이 좋은가 봐'라고 생각하면 표정이 밝아진다. 세상 사람들은 밝고 운 좋은 사람을 가까이하고 싶어 한다. 따라서 운 좋은 사람 주위에는 자연스럽게 사람들이 모인다. 사람이 모이는 곳에 찬스가 생길 테니 결국 운도 좋아진다.

이런 사람은 자신감도 생겨서 자기긍정감이 강해진다. 자기긍정감이 있으면 무슨 일이 생겨도 자신을 긍정할 수 있어서 운명에 지지 않는 강력함을 지닐 수 있다.

'지·정·의·체'로 운을 끌어당긴다

인류 역사상 가장 긍정적이어서 '자기긍정의 힘'이 강했던 사람 중 하나가 카이사르다. 그는 격렬한 바람이 부는 바다에서 난파할 듯한 작은 배를 타고 뒤집힐 듯한 뱃머리에 서서도 이렇게 말했다고 한다.

"자, 그대들. 힘을 내라! 두려워할 건 하나도 없다. 그대들이 지금 싣고 가는 사람은 카이사르다. 카이사르의 '운명의 여신'도 함께 타고 있다."

실제로 카이사르가 탄 배는 침몰하지 않았다. 카이사르처럼 자신만만하게 "침몰하지 않는다"라고 말하면 정말 괜찮을 것 같은 기분이 들어 선원들도 '최선을 다하자!'라는 생각이 들 것이다. 실제로 침몰하지 않을 가능성이 커진다.

그러나 카이사르가 진짜 운이 좋은 사람인지는 모르겠다. 물론 그는 로마를 평정하고 대제국의 초석을 놓은 큰 영웅이다. 모든 운을 한 몸에 받은 영웅이지만 다시 생각해보면 결국은 "브루투스, 너마저!"라는 말을 남기고 칼에 찔려 죽는다.

자신이 아꼈던 사람에게 마지막 순간 배신당해 암살되었으니 운이 나쁜 사람이라고도 할 수 있을 것이다. 운이 좋아 인심을 모은 사람이 권력을 독점했다는 비판을 받고 결국은 암살되었다. 이렇게 되면 인류 중 가장 운 좋은 남자가 가장 운 나쁜 사람처럼 여겨진다. 운이란 무엇일까.

카이사르의 《갈리아 전기》와 《내전기》를 보면 그가 상당한 지성을 지녔음을 알 수 있다. 그저 모든 걸 운에 맡기고 거기까지 온 것이 아니다. 머리와 기력도 좋고 사람의 마음을 읽는 공감 능력도 뛰어났다. 나아가 '이렇게 하고 싶다'라는 강한 의지와 신체 능력도 갖춘 인물이었다. 지식, 감정, 의지의 '지·정·의'가 성공 모델인데 거기에 '체'까지 포함해 '지·정·의·체'를 균형적으로 갖추면 대체로 잘 나갈 것이다.

카이사르처럼 사람의 마음을 잘 읽는 사람이 아니라면 군대를 이끌 수 없다. 나아가 이길 수 있다는 '승자의 정신력'을 지니고 머리가 좋고 신체 능력도 뛰어난 기백 있는 사람이 아니면 그토록 큰 제국을 세울 수 없었을 것이다. 카이사르의 초 긍정적인 사고도 지·정·의·체가 뒷받침되어 있어서 생긴 것일지도 모른다.

'승자의 정신력'을 지닌다

세계 최고의 축구 감독으로 불리는 포르투갈의 조제 모리뉴 감독이야말로 이 승자의 정신력을 지닌 사람이다. 그가 맡은 팀마다 이기겠다고 선언해 팀 전체가 '이 감독이 오면 이길 수 있다'라는 마음이 들게 한다. 실제로 모리뉴 감독이 맡은 선수들도 최선을 다해 경기에서 이긴다.

물론 모리뉴 감독은 경기 분석력과 '지성'도 있고 선수들의 마음을 읽는 공감력, 즉 '감정'이 있으며, 꼭 이긴다는 '의지'와 선수들을 이끄는 강력한 목소리, '몸'에서 발산되는 에너지가 있다.

지·정·의·체를 높은 수준으로 갖춘 사람은 뛰어난 리더로 성장한다. 그리고 그런 팀에는 "이 팀은 운이 좋네. 운도 같은 편이야"라는 말이 나오는데, 모두가 이길 수 있다고 늘 긍정적으로 생각하고 있기 때문이다.

우리는 스포츠 경기에서 경기 종료시간이 얼마 남지 않은 상황에서 당연히 패할 것이라 생각했던 팀이 기적적으로 우승하는 장면을 보게 된다. 그야말로 짜릿한 역전승이다. 당연히 질 것이라 생각하고 포기할 수도 있다. (2002년 한일 월드컵에서 16강 이탈리아전에서 한국이 패하고 있다가 후반에 동점 골이 터져서 연장전까지 갔다가 연장전에서 한국이 골을 넣어 우승했다. 그 누구도 예상하지 못했던 우승이었다.-옮긴이주)

경기 종료 직전까지 지고 있으면 보통은 포기하기 마련이다. 그러나 열혈 감독과 선수들이 지려고 하지 않았기에 이런 기적들이 일어난 것이다.

불리한 상황에서 어떻게 하는지가 핵심

스포츠도 운이라는 관점에서 경기를 보면 더 흥미로워진다. 나는 고교 야구를 아주 좋아해서 모든 경기를 녹화해 두고 본다. 강팀은 압도적으로 강한데 그렇다고 해서 강팀이 항상 우승하는 건 아니다.

  9회까지 압도적으로 우세를 보이며 서너 점 앞서고 있다가도 갑자기 무너져버리는 일도 벌어진다. 승리가 코앞에 다가오면 긴장하는 바람에 몸이 굳어 실책을 저지르거나 반대로 방심하다가 지기도 한다. 혹은 그때 한 점을 따냈으면 좋았을 텐데, 또는 이제 한 사람만 아웃시키면 끝이라는 생각에 방심해 볼넷을 내주는 등 작은 실수가 점점 커져서 운을 놓치는 순간이 또렷이 보인다.

  마음과 기술, 체력을 안정적으로 갖춘 투수가 있으면 동료가 실책을 계속 저질러도 '신경 쓰지 말자. 실책은 누구나 해'라며 바로 정신을 차리고 '내게 맡겨'라는 듯 타자를 안심시킨다.

  그런데 실책이 일어나면 '아! 큰일났다!'라며 동요하고 점점 초조해하는 투수는 팀과 함께 무너진다. 고교 야구는 운의 갈림길이 확연히 보여 큰 공부가 된다.

　즉 운을 내 편으로 할지, 적으로 삼을지의 갈림길은 정신력에 달려있음을 배운다. 최근 스포츠계에서는 무슨 일이 일어나도 동요하지 않는 멘탈 터프니스 Mental Toughness를 만드는 일에 주목한다. 여기에 호흡이 기본이다. 천천히 호흡하면 주위에서 벌어지고 있는 일로부터 한 걸음 떨어져 침착하게 지금까지 한 연습을 떠올리며 '수만 개의 볼을 던졌어. 여기서 하나만 제대로 던지자'라고 생각하면서 포수 미트만 바라보고 집중해 던져 결과를 내는 것이다.

　'불리한 상황일 때 어떻게 할 것인가?'가 운을 좋게 만드는 핵심이다. 흐름에 흔들리거나 거스르는 순간이 왔을 때 어떻게 이 흐름을 잘 타서 방향성을 결정할지, 즉 어부의 조종 실력 같은 비결은 바로 정신력에 있다.

지나친 '승자의 정신력'은 파멸을 부른다

앞에서 카이사르의 예를 들었는데 나폴레옹도 세계사에 남은 영웅이다. 평민에서 황제 자리에 오른 사람이니까 세계사에서 그만큼 성공한 사람도 드물 것이다.

　나폴레옹은 프랑스 변방 중 변방인 코르시카섬 출신으로, 일개 사병에서 시작해 지휘관이 되고 마침내 황제 자리까지

오른 인물이다. 그러나 그는 엘바섬과 세인트헬레나섬에 유배되었고, 결국은 세인트헬레나섬에서 생을 마감했다.

나폴레옹이 운이 좋았는지 나빴는지를 살펴보자면 결국은 운이 좋지 못했다. 사실 그의 문제는 승자의 정신력이 지나쳐 변질되어버린 것이다.

처음에는 '프랑스 혁명의 정신을 퍼뜨리자'라는 이상을 품고 전쟁을 시작했는데 본인이 황제가 되는 바람에 무엇 때문에 전쟁을 하는 것인지 모르는 상황에 빠져버렸다. 결과적으로 그 점이 안 좋게 작용했다.

러시아 원정도 치명적이었다. 러시아를 공격하면 혹독한 추위 때문에 거의 실패할 확률이 높은데, 러시아는 퇴각하는 것처럼 속여 나폴레옹을 점점 춥고 광활한 지대로 끌어들였다. 상상을 초월한 추위에 병사들은 차례차례 얼어 죽었다. 군대의 1퍼센트만 겨우 살아 돌아올 수 있었다.

러시아 원정이 운이 나빴다기보다 애초에 그곳에는 가지 말았어야 했다. 나치도 마찬가지였는데 러시아에 손을 대면 대체로 실패한다. 러시아 공격 자체가 운이 나빴다기보다 애당초 전략이 잘못된 것이다.

좋아하는 마음과 향상심이 있으면 두려울 게 없다

축구 선수 미우라 가즈요시(올해로 58세인 나이에도 현역으로 뛰고 있는 일본 축구 선수-옮긴이주)를 보면 운이 좋아 보인다. 그는 밝고 실력도 좋아 주위에 늘 사람이 모여든다. 여전히 축구를 계속하고 있고 모두에게 사랑받고 있어서 그야말로 축구계의 전설 같은 존재다.

가즈요시는 일본 축구 역사상 영원히 기억될 뛰어난 선수인데 이상하게도 월드컵에는 한 번도 출전하지 못했다. 그만큼 월드컵 예선에서 골을 많이 넣은 사람이 없는데 본선에는 한 번도 나가지 못했다니 놀랍다.

게다가 이제 월드컵에 출전하게 되었다고 생각하는 시점에서 늘 월드컵 출전 기회를 놓쳤다. 1993년에는 아시아 지역 최종 예선에서 '도하의 비극'이 일어나 월드컵에 나가지 못했다. 4년 뒤 1997년에는 예선에서 내내 골을 넣었는데 월드컵 본선이 열리는 프랑스까지 가서 가즈요시와 기타자와만 대표팀에서 제외되어 일본에 돌아왔다.

그때의 충격은 지금도 생생하다. 일본 국민은 모두 일본이 전패해도 좋으니 가즈요시를 경기에 내보내라고 생각했을 것이다. 사실 일본은 그 해 월드컵에서 전패했다. '어차피 이렇게 될 거였으면 가즈요시를 출전시켰어야 했어.' 모두가 그렇게 생각했으니 본인은 얼마나 분했을까.

그런데도 가즈요시는 축구를 그만두기는커녕 계속했다. 계약금조차 못 받았을 때도 있었다는데 다 이겨내고 지금까지 현역으로 뛰고 있다. 그야말로 초긍정의 화신이다.

가즈요시가 쓴 책《그만두지 않아》에는 '그만두는 방법을 모른다'라는 표현이 나온다. 축구에서 늘 배우는 게 있다고 한다. 그래서 오늘도 어제보다 배운 게 있다고 생각하며 계속하고 있다는 것이다.

가즈요시의 긍정성을 뒷받침하는 요소는 두 가지다. 하나는 축구를 좋아하는 마음. 좋아하는 한 운이 좋든 나쁘든 상관없다. 월드컵에 나가든 못 나가든 좋아하는 축구를 하고 있으므로 운이 좋든 나쁘든 상관없다.

나아가 축구에서 매일 배우는 게 있으니 내가 성장하고 있음을 느낀다는 것이다. 성장하고 있다고 실감하면 무슨 일이 일어나도 두렵지 않다. 운 따위는 상관없어진다.

가즈요시에게 월드컵 출전은 인생 목표였을 것이다. 그가 월드컵을 손꼽아 기다렸듯 우리에게도 그런 인생 목표가 있는가?

그토록 간절한 목표를 이루지 못했는데도 축구를 계속하는 이유는 좋아하기 때문이고, 또 배움을 통해 성장하기 때문이다. 이 두 가지 요소를 잃지 않음으로써 가즈요시는 운과 상관없이 축구계에서 태양처럼 밝게 빛나는 존재가 된 것이다.

이처럼 좋아하고 성장한다는 향상심은 운을 긍정적으로 대하며 사는 방법 가운데 하나다. 그를 보고 있으면 설령 운이 없더라도 그것조차 상관없다는 지극히 긍정적인 밝음이 느껴진다.

이 밝음의 근원은 좋아하는 마음과 향상심이다. 두 요소가 두 바퀴가 되어 달리는 사람에게는 악운이 다가올 수 없다. '그 사람에게는 무슨 말을 해도 소용없어'라는 마음이 들게 한다.

그러므로 밝은 사람에는 악운이 다가올 수 없다. 월드컵 낙선이라는 악운조차 그늘을 드리우지 않을 만큼의 초긍정적인 밝음을 지니면 무슨 일이 일어나도 무서울 게 없다.

흔들리지 않은 마음으로 강한 몸과 정신을 지탱한다

가즈요시가 밝음을 전면에 내세운 초긍정적인 타입이라면 같은 축구 선수라도 나카타 히데토시 선수처럼 늘 냉정하게 매사를 보는 사람도 있다. 그는 월드컵 출전이 결정된 순간에도 일희일비하지 않고 바로 다음을 생각했고, 인터뷰에서 "다음에는 국내 리그를 응원해주세요"라고 냉정한 답변을 내놓았다.

유럽에서도 그를 늘 냉정하고 흔들리지 않는 무사 같은 마음을 지닌 선수로 평가한다. 가즈요시처럼 텐션이 높아 밝은 에너지를 뿜어내는 타입과는 다를 수 있으나 늘 일정한 상태를 유지하고 강한 체력과 정신력으로 자신을 지키는 삶의 방식은 조용한 승부사라고 할 수 있다.

'초부정적인 생각'으로 성공하는 사람

모든 위험 요소를 분석해 준비한다

아무리 긍정적으로 살라고 조언해도 그러지 못하는 사람도 있다. 부정적인 사람은 성공할 수 없냐면 그렇지도 않다. 오히려 부정적인 사람은 사소한 일까지 신경 써서 실수를 잘 저지르지 않다. 위험을 회피하는 능력도 뛰어나므로 걱정이 많은 성격을 가지고 있더라도 성공하는 사람이 상당히 많다.

모두가 잘 아는 만화 사이토 타카오의 《고르고 13》의 주인공 고르고 13이 그 대표다. 고르고 13이 자주 하는 대사가 있는데, "나는 그렇게 자신만만한 사람이 아냐" 또는 "내가 늘 쓰는 손을 상대에게 맡기고 악수할 정도로 난 자신만만한 사람이 아냐." 모든 위험 요소를 계산하고 분석해 완벽하게 준비함으로써 성공을 잡는다.

긍정적이 되지 못하는 비관적인 사람이라고 해서 반드시 운이 따라오지 않는 건 아니다. 초긍정적이고 낙관적인 사람이라도 준비되지 않은 사람은 실패한다. 비관적이라도 성공하는 사람이 있고 물론 낙관적이어서 성공하는 사람도 있다. 그러나 낙관적이더라도 실패하는 사람도 있고 비관적이어서 실패하는 사람도 있다.

낙관적인 게 반드시 운을 쉽게 잡는다고 말할 수 없으니 비관적인 생각에 빠진 사람이더라도 반드시 비관적일 필요는 전혀 없다.

내가 이기는 시뮬레이션을 반복한다

올림픽 3연패를 달성한 한 유도 선수와 인터뷰를 한 적 있다. 그는 겉으로 보이는 인상과는 달리 자신은 아주 걱정이 많고 소심한 성격이라고 했다.

세계 최고의 유도 실력자인데 그런 성격이라는 것이 의외였다. 걱정이 많아 다양한 패턴을 시뮬레이션한다고 한다. 생각하고 생각해 상대가 이렇게 오면 이렇게 한다, 저렇게 오면 이렇게 한다 등 수없이 생각한 다음 경기에 임한다는 것이다.

이처럼 "걱정이 많아서 준비를 많이 합니다"라는 사람 가운데 성공하는 사람이 꽤 있다. 배짱 좋고 호쾌하게 웃고 늘 긍정적이어서 "아, 괜찮아"라고 말하는 사람이 꼭 성공한다는 보장은 없다. 나도 이런 타입인데 이런 사람이 빠지는 함정이 꽤 많다. 그래서 긍정적인 태도만이 운을 조절하는 방법이라고는 생각하지 않는다.

　낙관적인 기분은 유지하면서 실제로 작업할 때는 걱정을 많이 하며 빠짐없이 준비한다. 이른바 비관과 낙관이 균형을 이루는 지점에 있으면 의외로 운이 따라온다.

　반대로 기분이 비관적이어서 "아, 걱정이야. 운이 없어"라고 말하면서 준비는 의외로 안 하는 사람은 성공하지 못하는 쪽에 들어간다. 또 낙관적이어서 "아, 괜찮아. 분명히 될 거야!"라고 말하며 아무런 준비도 하지 않아 실패하는 사람도 정말 많다. 수많은 사람의 입시 공부를 살펴본 결과 지나치게 낙관적이어서 오히려 실패하는 사람을 정말 많이 봤다.

　그러므로 자주 듣게 되는 "낙관적인 사람이 되어야 해"라는 조언은 무책임하다. 내가 바로 무턱대고 낙관적이었다가 실패한 경험이 많았기 때문이다. 낙관적이기만 하면 운이 따라온다는 말은 무책임한 조언이라고 낙관적인 내가 생각한다.

낙관적+견실함이 운을 부르는 최고의 조합

사실은 낙관적인 사람과 비관적(이라기보다 견실)인 사람이 한 팀일 때가 가장 좋다. 예를 들어 혼다기연을 만든 혼다 소이치로는 늘 전진하는 아주 낙관적인 사람이다. 그는 자동차 레

이스 F1이나 르망에 도전하는 등 새로운 일에 도전하며 늘 최고를 목표로 한다.

후지사와 다케오는 혼다 소이치로의 경영 파트너로 낙관주의자인 혼다와 달리 후지사와는 매사가 꼼꼼했다. 성공한 혼다 뒤에는 후지사와 같은 견실한 사람이 있었다. 이처럼 낙관+비관(견실)의 팀이라면 운을 잘 조절해 성공할 수 있다.

낙관적인 사람은 걱정이 많은 사람처럼 분석하고 준비하는 데 힘을 기울이면 좋고, 침울한 경향의 비관적인 사람은 기분을 느긋한 상태로 만들어 '괜찮아'라고 생각하려고 한다. 그래서 낙관과 비관을 균형적으로 혼합하는 게 좋다.

팀을 짜는 방식에 따라 운이 바뀐다

이 낙관+견실의 조합은 파탄나지 않는 가장 좋은 삶의 방식인데 혼자 균형을 잡기 힘들다면 친구를 고를 때나 결혼할 때 자기에게 비관적인 경향이 있다면 낙관적인 사람을 고르고, 자기가 덜렁대고 실수가 많은 타입이라면 찬찬히 준비하는 사람을 선택하면 상당히 운이 좋아질 것이다.

대표적인 예가 연예인과 매니저의 관계다. 연예인은 사람들 앞에 나서야 하는 존재다. 화려함이 요구되는 일인데 한편으로 일정 관리나 교섭, 홍보 등 세심한 업무도 필요하다. 매니저가 그 부분을 보완해주는 것이다. 나아가 극도로 스트레스가 많은 연예인의 정신 건강도 보살펴 마음을 가다듬게 한다. 연예인의 뒤에서 정신 건강까지 살피는 우수한 매니저가 있기에 활약할 수 있다. 그래서 매니저가 관두면 연예인의 정신적 균형도 무너져 일을 제대로 못 하는 사례가 종종 있다.

작가와 편집자의 관계도 마찬가지다. 유명한 작가에게는 좋은 편집자가 있기 마련이다. 그들은 좋은 상담자가 되어 작가에게 영감을 줄 때가 많다. 또한 작가가 낙담했을 때 격려하고 반대로 너무 앞서가면 수위를 조절하는 조언자가 된다.

현재 자신의 위치를 생각하고 운을 끌어들이려고 할 때는 누구와 팀을 짤지가 큰 갈림길이 된다. 즉, 자기 운만이 아니라 다른 사람과 손을 잡음으로써 운세가 바뀐다. 유명한 개그 콤비를 봐도 '이 콤비니까' 성공한 사람들이 많다. 서로가 서로를 보완해서 최고의 콤비로 활동해 더 큰 사랑을 받은 것이다.

낙관+견실함이 운을 끌어들이는 이상적인 대응 방식이라면 좋은 파트너가 될 상대를 찾는 일도 운이라는 용에 올라타는 하나의 사고방식일 것이다.

'이 세상은 경쟁이다'라고 생각한다

자연선택이 되어야 살아남는다

운을 대하는 태도에는 긍정적으로 대할지, 부정적으로 대할지라는 커다란 선택지가 있는데 이 밖에도 일단 '이 세상은 다 경쟁이다'라고 생각하고 대하는 방법도 있다. 세상은 모두 경쟁이므로 운이 어떻든 일단 경쟁에 살아남아야 이긴다는 사고방식이다.

사실 이 세상은 다 경쟁이고 모두 번영을 향해 경쟁한다. 평온하게 살아가는 식물조차 더 많은 빛을 받으려고 위로, 위로 뻗어나가야 한다. 식물도 나름의 의지를 품고 번영하려 한다. 모든 생물은 살아가며 유전자를 남기고 자손을 번식하며 경쟁할 것이다.

다윈이 주장한 진화론에서는 환경에 적응한 적자가 살아남는다. 살아남으려고 경쟁하며 필요한 변이를 일으킨다. 환경에 적응하지 못하고 제대로 변이하지 못하는 생물은 도태되고 만다. 끊임없는 경쟁 속에 자연선택이 일어난다는 게 진화론의 내용이다.

핵심은 우리가 아니라 자연이 선택한다는 것이다. '네가 적자야', '이 환경에 적응했구나'라며 자연이 선택한 개체만이 살아남는다.

몸이 크고 강력한 힘이 있다고 해서 꼭 선택되는 건 아니다. 생물 가운데 최강이었던 공룡도 갑작스러운 운석 충돌로 기후 변동이 일어나자 멸종하지 않았는가. 그 변동에서 작은 바퀴벌레 같은 곤충이나 포유류가 살아남았다. 바퀴벌레가 크고 강력한 공룡보다 자연선택이라는 점에서는 강했던 것이다.

비즈니스 세계는 운에 맡기면 생존할 수 없다

진화론을 지금 비즈니스 세계에 맞춰 생각하면 이렇다. 세상에서는 기업들이 생겼다가 망한다. 그 가운데 생존하는 기업은 시대와 시장 변화에 대응하는 회사고, 그렇지 못한 회사는 시장이라는 자연선택에서 뽑힐 수가 없다.

백년 기업 중에는 형태를 바꾸지 않고 생존함으로써 시대에 적응해 온 회사도 있고, 늘 형태를 바꾸며 살아남은 회사도 있다.

어쨌든 둘 모두 수요를 잡아내 생존한 것이다. '이 세상은 수요를 잘 찾아내어 적응하는 경쟁이야'라고 생각하면 운보다는 환경에 적응하는 감각을 더 연구하게 될 것이다. 그 감을 활용해 조사 분석하고 '이렇게 되면 이렇게, 저렇게 되면 저렇게'라고 정확하게 행동하는 회사는 운의 기운이 있다고 평가된다.

대체로 환경이나 경쟁을 의식하지 않고 모든 걸 운에 맡기는 사람은 거의 없을 것이다. 적어도 시장 수요나 시대 흐름 같은 풍향을 제대로 읽는 기업이 경쟁에서 이겨 살아남는다. 환경에 적응한 개체가 이기는 건 자연계나 비즈니스계나 마찬가지다.

그렇게 생각하면 학교 공부를 잘했다고 해서 반드시 장사를 잘하리라는 법은 없다. 학교 공부는 비교적 안정된 지식을 시험장에서 얼마나 잘 재생하느냐를 다투기 때문에 비즈니스와는 전혀 다른 능력이다. 굳이 따지자면 학교 지식은 관료적 능력이다. 공부해서 관료가 되어 일하면 평생 지위도 급료도 안정된다. 따라서 환경 변화나 운을 장사 세계만큼 민감하게 느낄 필요는 없다.

출세는 다소 운이 따를 수 있겠으나 그것도 굳이 말하자면 인간관계 기술이므로 운과는 조금 다르다. 길게 보라거나 상사와 인맥을 만들라는 가르침은 운이 아니라 처세술이다. 그러나 비즈니스 세계에서는 시대 흐름과 수요를 알아내 끝내 환경에 적응한 개체만이 살아남는다.

가훈을 사훈으로 내세워 운에 대응한 도요타

환경 적응이 전부인 비즈니스 세계라고 해도 운이 전혀 관련

없지는 않다. 늘 환경에 영향을 받으므로 그만큼 운을 가깝게 느낀다. "앗! 리먼 쇼크?!"와 같은 일이 일어나 일본의 조그만 회사에까지 영향을 미쳐 문을 닫기도 한다.

애당초 리먼 브라더스라는 미국의 한 회사가 일으킨 문제가 돌고 돌아 일본의 조그만 동네 공장에까지 타격을 준 것이다.

나는 도요타와 덴소 같은 대기업 사람들에게 리먼 쇼크 당시의 손실에 대해 들은 적이 있다. 손실은 상상을 초월한 규모였다. 결함 상품에 가까운 미국의 서브프라임이라는 금융 상품 탓에 그들과는 전혀 관계도 없는 전 세계 기업이 영향을 받았다.

결함 상품을 판매한 사람들은 큰돈을 벌었으나 리먼 쇼크로 해당 상품이 파탄났는데도 돈을 돌려받을 수 없었다. 사기꾼이 이긴 게임이었다. 그런 까닭에 일본의 대기업을 비롯해 작은 회사까지 수백억, 수천억 엔의 손해를 봤으나 불평할 데도 없었다.

열심히 노력해 간신히 부활했는데 이번에는 중국과 관계가 틀어져 일본 제품 불매운동이 일어나 중국 공장을 폐쇄해야 했던 회사도 있었다. 원래 정치적 문제는 경제와는 별개여야 하지만 요즘에는 곧바로 비즈니스에 반영된다.

그런 역풍을 견디며 줄곧 노력해 온 회사가 도요타다. 태국에서 홍수가 나 공장 부품 공급이 중단되거나 미국에서 자동차 결함이 지적되어 온 나라의 비판을 받기도 했다. 결과적으로 도요타의 잘못이 아니라고 결론이 났지만 이미 신뢰를 잃어 매출이 바닥을 쳤다.

이처럼 스스로 수요를 읽고 제대로 상품을 만들어도 뜻하지 않은 일을 당하기도 한다. 이런 게 바로 일종의 운이다. 하지만 도요타의 창업자 도요타 사키치는 책《도요타 강령》에서 운에 좌우되지 않는 기업의 존재 방식을 이야기했다.

다음과 같이 '실질 강건'을 주장하며 항상 노력하는 게 도요타의 가훈이다.

하나. 위아래가 하나 되어 지성으로 업무에 임해 산업 보국의 열매를 맺는다.
하나. 연구와 창조에 마음을 다해 항상 시류에 앞선다.
하나. 화려함과 아름다움을 경계하고 실질 강건을 지킨다.
하나. 온정 우애 정신을 발휘해 가정적 미풍을 만든다.
하나. 신불을 존중해 보은하고 감사하며 생활한다.

예컨대 천재지변이나 부조리한 사건이 벌어지더라도 운에 맡기는 것이 아니라 항상 노력해 개선한다는 것이다. 그 가훈을 사훈으로 내세워 도요타는 운에 좌우되지 않는 존재 방식을 추구한다.

오른손에 운, 왼손에 합리적 사고방식이 이상적

19세기 초 일본의 몰락한 농민사회를 재건한 니노미야 손토쿠도 운에 휘둘리지 않는 삶을 관철한 사람이다. 그는 매우 합리적으로 경영했다. 지출의 낭비를 막고 다음 단계를 위해 투자하는 지극히 착실한 경영법을 실천했다. 한편 '하늘과 땅은 하나'라는 사고방식을 지녀 운도 믿었다. 물론 경영은 합리적으로 했는데 이야말로 좋은 균형이다.

운을 대하는 태도에서 모든 걸 내 힘으로 합리적으로 하겠다고 생각하면 금방 지친다. 합리적으로 생각하고 노력했는데 왜 결과가 나오지 않느냐는 의문이 들기 때문이다.

무슨 일에나 자기 혼자 다 해내려고 하면 힘들다. 그때 다른 존재의 힘을 빌리는 '나무아미타불'의 세계를 갖음으로써 어깨의 힘을 조금 뺀다. 혼자 다 해결하겠다고 생각하지 않고 '혼자 할 수 없는 일도 많아'라고 생각하면 한결 마음이 편해지기 때문이다.

'하늘은 내가 움직일 수 있는 게 아니다'라며 자신을 다독인다. 그러나 일을 시작할 때는 운에 맡기지 않고 현상을 분석한

후 방침과 목표를 세우고 해나가는 합리적인 방식을 택해야 한다.

이게 바로 운을 대하는 가장 안정적인 태도다. 마침 양손이 있으니 한 손으로는 다른 존재의 힘을 빌리고, 다른 한 손은 내 힘으로 하는, 즉 오른손에 운, 왼손에 합리적인 사고방식을 갖는 것이다. 그러면 어떤 운이 와도 안정적으로 대처할 수 있을 것이다.

2장 정리

운을 대하는 사고방식

불교
운에 의존하지 않는 깨달음

비즈니스
자신을 조절해 운을 움직인다.

실존주의
운 탓이 아니라 모든 건 내 선택이다.

쾌락주의
운보다 쾌락이 중요

3장

왜 일류는 '운'이 좋은가

앞장에서 운에 휘둘리지 않는 태도와 운을 대하는 방식을 살펴봤다. 이 장에서는 운 좋은 사람에 관해 생각해보고자 한다.

세상이나 주위를 보면 '저 사람은 운이 정말 좋아'라는 생각이 드는 사람이 있다. 그런 사람의 공통점을 찾아내면 운 좋은 사람에 다가갈 수 있을 것이다. 내가 '운 좋은 사람'이 되어 운에 휘둘리지 않는 삶을 사는 것이다. 이것도 운을 대하는 방식 중 하나라고 생각한다.

자, 운 좋은 사람에게는 어떤 공통점이 있을까?

공식 4

'운'은 감성을
갈고닦는 사람에게
온다

나쁜 것에 다가가지 않는다

군자는 위험을 가까이하지 않는다

운 좋은 사람을 자세히 관찰하면 나쁜 것에 다가가지 않는다. 옛날부터 '군자는 위험을 가까이하지 않는다'라는 말이 있는데, 운을 좋게 하는 기술은 '수상한 인물과 어울리지 않는' 게 첫 번째다.

싸움에 휘말리지 않는다. 눈이 많이 와 길이 막히면 굳이 외출하지 않는다. 문제가 많은 사람과는 일하지 않는다. '어라?' 하고 위화감이 느껴지면 일단 피한다. 이 감이 있으면 꽤 운이 좋아질 것이다.

성공한 경영자를 만날 기회가 많은데 그들은 대체로 감이 좋았다. "아니, 아니에요. 그냥 운이 좋았을 뿐이에요." 혹은 "어쩌다 이 사업을 시작하게 되었어요. 운이 좋았죠." 이렇게 말하는데 자세히 관찰하면 그들은 위험을 감지하는 직관력이 뛰어난 사람들이었다.

감성을 단련했기 때문에 뛰어난 직관력을 갖췄다고 생각한다. 물론 성공한 경영자는 경험치가 높아 결단도 빠르다. 그러나 경험이 많은데도 감이 없는 경영자도 많다. 성공하는 경영자는 경험치에 더해 감이 좋아서 '이건 아니야', '이거야!'라는 결단이 정확하다.

경험치도 중요하나 감각도 아주 중요하니 감성을 갈고닦아서 결단의 정밀도를 올려야 한다. 그래야 결과적으로 운도 좋아진다.

패를 1초 만에 버린다

운 좋은 사람은 감을 연마하기 위해 어떻게 감성을 단련할까? 마작 아카데미를 운영하는 어느 프로 마작 기사는 그곳에서는 1초 만에 패를 버리는 훈련을 철저히 시킨다고 한다. 심하다 싶을 정도로 빠르고 아름답게 패를 버린다. 패를 버린다는 것은 내가 가지고 있는 패 가운데 필요 없는 패를 던지는 일인데 간발의 차이도 두지 않고 버리는 연습을 철저히 시킨다는 것이다.

'감성을 닦기' 위해서다. 그는 바다에 잠수하거나 강에 가는 등 자연 속에서 지내는 일을 매우 중요하게 생각한다. 자연 속에 있으면 감성이 연마되기 때문이다. 감성이 연마되면 몸의 감각도 예민해져 몸으로 반응할 수 있게 된다. 그러면 단 1초 만에도 실수 없이 패를 버릴 수 있게 되는 것이다.

그는 승부사에게는 감성과 몸의 감각이 아주 중요하다고 말한다. 승부사로 살다 보면 몸의 감각과 감성이 연마되어 위험

하거나 싫은 일에 대한 위험 감지 센서가 예민해진다. 따라서 나쁜 걸 순식간에 피하는 감이 길러진다는 것이다.

위화감 센서를 갈고 닦는다

운이 좋아지려면 이기려고 할 게 아니라 지지 않으려고 하면 된다. 이렇게 행동하면 '엄청나게 벌 수 있어요'라는 수상한 이야기에 다가가지 않을 수 있다. 사기를 쳐서 노후 자금을 빼앗는 사건이 요즘 끊이질 않는다. 욕심을 부리거나 나만 이득을 보려고 하면 재산을 잃는 함정에 빠지게 된다.

초보가 크게 벌 수 있는 일은 거의 없으므로 꼭 명심해야 한다. 은행이나 증권회사도 좋은 상품을 소개해주리라는 보장이 없다. 증권회사의 내막을 그린 〈울프 오브 월스트리트〉라는 영화를 봤는데, 영화에서 그들이 하는 일은 주식(페니 주식이라고 한다)으로 "떼돈을 번다"라며 손님에게 팔아 자기들만 돈을 쓸어 담는다. 월스트리트의 실상을 가장 흥미롭게 보여준 《라이어스 포커 Liar's poker》도 읽어 볼 만한 책이다.

'좋은 이야기에는 이면이 있음'을 알아차리는 위화감 센서가 민감한 사람은 크게 잃을 일은 없다. 적어도 완전히 패배하지는 않는다. 지루할 수는 있어도 지지 않으려는 방법을 유지하면 자산 운용뿐만 아니라 인생에서도 크게 벗어날 일은 없다. 즉, 운이 나빠지지 않는 삶의 방식이다.

조금 전에 소개한 성공한 경영자들도 다 위화감 센서가 민감했는데, 위화감 센서는 처음으로 느낀 직관으로 움직이는 것이다. 스미싱 사기에 걸린 사람 대부분은 아주 초기에 '이거 좀 이상해'라고 느낀다고 한다. 그런데 그 순간 상대의 이야기를 믿고 따라 행동한다. '어라!'라고 느낀 처음 순간에 일단 멈추시오. 그 자리에서 바로 답하거나 사인하지 말고 "상의해보고 결정할게요"라고 말하고 시간을 번 다음 천천히 결정하면 좋을 것이다.

조금이라도 위화감이 느껴진다면 절대 그 이야기를 받아들이지 마라. 그러면 적어도 나쁜 운은 오지 않는다.

상대의 사인을 놓치지 않는다

인기 많은 사람은 여성이 보내는 사인을 놓치지 않는다
구로사와 아키라 감독이 만든 〈데르수 우잘라〉라는 영화가 있다. 데르수 우잘라는 숲의 안내인이란 뜻이다. 작품 속에서 데르수 우잘라는 "여기는 호랑이가 지나갔어" 혹은 "여기는 며칠 전에 여행자가 지나갔어"라고 다양한 조짐과 사인을 놓치지 않는다.

　나뭇가지가 부러지거나 흙이 파여 있는 등 평범한 사람은 전혀 알아차리지 못하는 것들을 모두 사인으로 받아들여 위험을 미리 막는다. 그러므로 데르수 우잘라와 함께 다니면 위험을 피할 수 있다. 그것은 우연에 맡긴 운이 아니라 사인을 놓치지 않는 경험치에서 온 것이다.

　시키는 대로 일하는 게 아니라 일하며 사인을 찾아내 문제점을 미리 막으려고 조심하는 사람은 일도 잘된다. 운 좋은 사람은 실은 다양한 사인을 놓치지 않기 때문이다.

　이성이 보내는 사인도 똑같다. 미남이나 멋진 사람이 인기가 많은 건 당연한데 그렇지 않은 사람이 인기가 많을 때는 여성이 보내는 사인을 잘 알아차리기 때문이다.

　여성이 자신에게 호의를 표하는데 그 사인을 알아차리지 못하는 둔한 남성은 인기를 얻을 기회를 놓치고 만다. 여성이 사인을 의식적으로 보낼 때와 그렇지 않을 때도 있는데 여성의 무의식적인 사인을 알아차리면 인기가 많아진다.

　이렇듯 사인을 놓치지 않고 알아내고 어떻게 반응하느냐가 미래의 현실을 만드는 열쇠다.

우선은 상대의 신호를 알아차린다

나는 대학에서 교사를 꿈꾸는 학생에게 수업하는 방법을 가르치는 게 전문이라서 학생 교육 실습에 종종 들어간다. 그런데 아이들이 너무 지루해서 이제는 '죽고 싶을' 지경인데도 아랑곳하지 않고 수업을 계속하는 학생이 있다. 제대로 준비하지 않으면 수업은 일반적인 상태에서 시작해도 아이들 한 사람, 한 사람 책상에 엎드리기 시작한다. 중학생쯤 되면 대놓고 엎드려 자는 아이도 있다.

나는 수업에 지루해하는 아이를 보고 싶지 않다. 귀여운 동물들이 눈앞에서 차례로 죽어가는 듯한 기분이 들기 때문이다.

재미있고 의미 있게 수업을 하면 아이들 전체가 죽지 않고 제대로 일어나 있고 오히려 수업 전보다 활기찬 상태에서 수업이 마무리된다. 기간제 교사라도 수업을 잘하는 사람은 1년간의 계약 기간이 끝날 무렵이 되면 학생들이 모여 "선생님, 가셔서 슬퍼요"라고 저마다 이별을 아쉬워한다.

이런 선생님은 상대의 상태를 순식간에 알아차리는 능력, 사인을 놓치지 않는 능력이 있기 때문이다. 상대가 지루해하기 시작하면 바로 대처법을 생각해 지루한 상태로 내버려 두지 않는다.

가르치는 일을 하는 사람이라면 '상대가 지루해하는지'를 스스로 읽어내야 한다. 우선은 그 신호를 알아내는 게 운 좋은 사람이 되는 출발점이다.

선순환을 유지한다

분위기를 잘 파악하는 사람

붓다처럼 외부와 자신을 차단하고 자기 안에 평온한 세상을 만들어 운과 마주하는 방법도 있으나 대부분은 다른 사람과 관계하며 살아가기 때문에 '이 사람은 지금 뭘 하고 싶은 거지?'라거나 '슬슬 지루하겠지?' 또는 '이 말은 안 하는 게 낫겠지' 등등 늘 분위기를 읽어야 한다.

 하고 싶은 말을 대놓고 주장하지는 못 해도 분위기는 기막히게 알아차리는 사람이 있다. 이른바 '분위기 파악'이다. 이를 부정적인 방향이 아니라 긍정적으로 활용하라고 말하고 싶다.

 분위기를 알면 그에 반응하고 대처해 좋은 상황을 만들어내는 선순환이 생기고, 그것을 증폭해 선순환의 사이클을 만든다. 그러나 분위기를 파악하지 못하거나 사인을 알아채지 못하면 순환의 흐름이 끊긴다.

악순환에 빠지는 사람은 운이 나쁘다

운을 좋게 하는 기본은 악순환을 막고 선순환을 만드는 것이다. 운 좋은 사람은 선순환에 있는 사람, 운 나쁜 사람은 악순환에 있는 사람이다.

이 세상에서는 누구에게나 불행한 일이 일어난다. 전쟁이 그 전형이다. 운석이 떨어지거나 국가 재정이 파탄 날 때도 있다. 불행은 그 자리에 있는 모두에게 변함없이 찾아온다. 이런 일 때문에 이후 인생이 무너졌다면 악순환에 들어갔다는 증거고, 불행에도 힘을 내 인생을 개척할 수 있다면 선순환에 들어간 것이다.

이 순환에 눈을 돌리면 금방 이해할 수 있다. 선순환에 들어가는 사람을 발견해 연구하는 것도 운 좋은 사람이 되는 비결이다.

경영학자 피터 드러커는《피터 드러커의 자기 경영 노트 The Effective Executive》에서 성공한 사람들의 공통점을 찾기란 어렵다고 했다. 그는 모든 회사의 성공한 경영자를 봐 왔는데, 성격이나 사고방식이 모두 달라 일정한 형태를 찾지 못했다고 한다.

밝은 사람이 있으면 어두운 사람도 있고, 낙관적인 사람이 있으면 비관적인 사람도 있다. 소심한 사람이 있으면 대범한 사람도 있다. 그저 '성과를 낸 사람'이라는 점만이 공통적이라는 것이다.

드러커의 말처럼 성공한 사람들의 보편적인 공통점이 없다면, 선순환에 들어가 있는 사람을 발견해 선순환의 원인이 무엇인지 사례별로 살펴봄으로써 자신의 운을 만드는 데 참고로 삼아야겠다.

사고가 향하는 방향이 '운'의 방향이다

핵심은 사고가 향하는 방향이다

과학적인 근거는 모르겠지만 운 좋은 사람들이 자주 읽는 책이 에스더 힉스와 제리 힉스가 쓴《유인력 끌어당김의 법칙 The Law of Attraction》이다. 사고를 현실화한다는 내용은 나폴레온 힐과 비슷하다.

이 책에 따르면 '핵심은 사고가 향하는 방향'이며 악순환은 유인력의 법칙이 마이너스 방향으로 작동하는 상태를 말한다. 그럴 때는 생각의 방향을 바꾸는 게 중요하다. 그러기 힘들다면 기분 전환 삼아 영화를 보거나 음악을 들어 일단 다른 생각을 해보라고 한다.

즉, 사고의 방향을 바꾸면 악순환을 선순환으로 바꿀 수 있다는 말이다. 사고가 부정적인 쪽으로 기울면 확실히 함정에 빠지기 쉽다. 야구 투수에게 종종 일어나는 일인데 그곳에만은 던지면 안 되는 상황에서 공을 한가운데로 던져버린다.

그것도 일종의 '유인력의 법칙'이다. 한가운데는 던져선 안 된다고 너무나 강하게 생각하는 바람에 오히려 그곳으로 끌려가고 만다.

백곰만 생각하지 마세요

심리학 실험에도 비슷한 예가 있다. 피실험자에게 "자유롭게 생각하세요. 그러나 백곰만은 절대 생각하지 마세요"라고 하면 왠지 백곰만 생각하게 된다는 것이다.

사람이 생각하기 싫은 일에 집착하면 오히려 그것만 생각하게 되어 나쁜 상황을 불러온다. 남녀관계도 마찬가지로 미리부터 차이면 어쩌지를 너무 생각하다 보면 오히려 그것 때문에 상대방이 싫어질 될 때가 있다.

운 좋은 사람이 운을 끌어당기는 듯 운이 보이는 이유는 사고의 방향이 긍정적이기 때문이다. 실은 운 좋은 사람도 겉으로 드러나지 않을 뿐 수없이 실패한다. 다만 사고의 방향이 적극적이고 긍정적이라 실패해도 바로 도전해 기회가 많아진다.

한편 부정적인 사람은 도전하는 데 소극적이라 그만큼 기회가 줄어들고, 결국에는 침울해지고 만다.

그런 의미에서 일어나는 일은 똑같더라도 받아들이는 방식, 즉 사고의 방향성에 따라 결과가 전혀 달라진다.

공식 5

'운'은 균형 감각이
좋은 사람에게 온다

일류는 균형 감각이 좋다

직원에게 서핑을 시킨다

미국의 아웃도어 의류 기업으로 파타고니아는 등산용품 제조 판매에서 출발해 지금은 유럽과 아시아에서도 사업을 전개하는 세계적인 기업으로 성장했다.

이 회사의 특이한 점은 직원에게 서핑을 즐기게 한다는 점이다. 파타고니아의 본사가 캘리포니아의 태평양이 바라다보이는 곳에 있는 이유도 직원이 쉽게 서핑할 수 있는 장소기 때문이다. 가령 일본 지사가 바다가 있는 가마쿠라에 위치한 이유도 이와 마찬가지다.

파타고니아의 창업자인 이본 쉬나드가 쓴 책 《파타고니아, 파도가 칠 때는 서핑을 Let my people go surfing》에서 직원에게 서핑하게 하는 이유는 일과 서핑을 양립하게 함으로써 책임감과 효율성, 융통성, 협동심을 기를 수 있기 때문이라고 했다.

그들은 좋은 파도가 오면 서핑하러 간다. 그러려면 책임있고 효율적으로 일을 끝내야 한다. 또 직원이 서핑하러 가면 업무에 지장이 생기지 않도록 서로 융통성 있게 협조하며 일을 해나간다.

책상 앞에 앉아 있어도 실제로는 일하지 않는 직장인이 많으니 직원이 좋아하는 일을 하게 해 효율성과 동기부여를 높인다는 파타고니아의 업무 방식에는 일리가 있다.

어떤 상황도 이겨낼 방법이 있을 거다

나는 파타고니아 이야기 중에서 서핑에 관심이 갔다. 나와 프로그램을 함께 하는 디자이너는 서핑을 좋아해 하와이까지 여행을 갈 정도였다. 얼마 전 그를 만났을 때 《서핑은 당신을 찾을 수 있는 곳 Surf is where you find it》이라는 책을 받았는데 정말 재미있었다.

　제리 로페즈라는 세계 최고의 서퍼가 쓴 책이다. 모든 인생은 파도와 어울리며 파도에서 인생을 배운다는 얘기다. "최고의 서퍼는 늘 그 안에서 제일 즐기는 사람"이고 "어떤 상황에서도 그 위기를 이겨낼 도구와 방법이 있다"고 했다.

　서퍼는 늘 파도를 느낀다. 스스로 조절할 수 없는 거대한 힘을 겪으며 균형을 유지하고 그것을 즐기고 감각을 연마해 험한 파도를 넘는다. 동료 디자이너 역시 그 감각이 자신에게 너무나 중요하다고 했다.

스포츠로 균형 감각을 키운다

동료 아트 디렉터도 비슷한 말을 했다. 한때 스노보드에 빠져

겨울만 되면 "그 균형 감각이 정말 좋아요"라며 주말마다 스노보드를 타러 갈 정도로 열중했다.

'왜 일류들이 비슷한 말을 할까?' 그 점이 궁금했다. 아마도 파도를 타는 감각, 혹은 스노보드 위에서 균형을 잡는 신체 감각이 각자의 일에도 활용되었기 때문이다.

균형 감각이 좋은 사람은 '여기서 무리하면 안 돼. 그러나 여기서는 승부에 나서야 해'라는 감각이 예민해진다. 시시각각 달라지는 파도나 눈과 격투한 경험은 보통 그저 서핑과 스노보드 기술로 끝났을 텐데 '서핑한다, 일한다, 서핑한다, 일한다'라는 반복 속에서 연동되는 게 아닐까.

그러므로 우리도 때로는 균형 감각을 익힌다는 의미에서 파도를 타보거나 바다에 잠수하거나 스키나 스노보드를 타는 등 스포츠를 즐겨 보는 게 좋다. 일과는 전혀 다른 이질적인 세계와 균형을 유지함으로써 일에서도 영감을 받을 수 있기 때문이다.

경험과 직관은 연결되어 있다

직관이 샘솟을 만큼 경험을 쌓는다

이전에 한 장기 기사의 이야기를 들었을 때 그는 100명과의 동시 대국처럼 여러 사람과 차례로 장기를 둘 때도 딱 한 번만 봐도 상대의 수가 보인다고 했다. 그다음은 직관으로 번뜩인 요소를 검증하기만 하면 그만이라고 한다. 내가 장기판을 본다고 해서 직관이 샘솟을 일은 없겠지만 그는 방대한 경험이 있어서 직관이 작동하는 것이다.

직관이라고 하나 실은 경험이 다수를 차지한다. 특히 실패의 경험을 통해 '이건 이상해' 혹은 '이건 될 것 같아'라는 사실을 알게 된다.

직관과 경험은 동전의 양면이라서 서퍼가 수많은 파도를 타면 그 경험이 쌓여 순식간에 파도의 강도를 판단할 수 있듯이 올바르게 선택해 결과적으로 좋은 운을 끌어들이려면 직관이 생길 만큼 경험을 쌓는 방법도 있다.

무사고 사람은 왜 늘 무사고일까

내가 가르친 학생 가운데 전철에서 자리에 잘 앉는 달인이 있다. 좌석에 앉은 승객 중 '이 사람은 중간에 내릴 거야'라는 걸 기막히게 안다. 달인은 중간에 내리는 사람 앞에 서기 때문에 늘 앉아 갈 수 있다.

우리는 앉아 있는 사람들을 봐도 다 똑같이 보일 텐데 그는 오랜 경험으로 쌓은 직관이 다른 것일 것이다. 단순히 운이 좋은 게 아니라 직관으로 이미 '알고 있는' 것이다.

운전으로 치면 나는 '늘 아이가 튀어나올 수 있나'라는 전제로 운전한다. 만 번 가운데 한 번쯤은 차 앞으로 갑자기 튀어나오는 아이가 있을 테니 늘 그 전제가 필요하다. 오히려 경험이 적은 사람은 좁은 골목을 마음 놓고 달릴 것이다.

"저런 데서 갑자기 아이가 튀어나왔다니까. 운이 정말 나빴지"라고 하는 사람이 있다. 그러나 그런 상황을 훌륭하게 회피하는 사람도 있다. 무사고는 우연이 아니다.

경험을 통해 예측하는 것이다. 만에 하나를 늘 상정하면 잘못될 일이 없다. 그러면 단순히 운이 좋아 무사고인 듯 여겼던 사람도 실은 단순한 운이 아니라 경험의 축적이 있기에 가능함을 알게 된다. "모 아니면 도야. 괜찮겠지, 뭐"라고 생각하는 사람은 언젠가 사고를 일으킨다. 이것도 경험과 직관이 연결되어 있기 때문이다.

내 안에 다른 사람의 시선을 갖는다

내 감각에 근거한 '읽기'가 중요

마작을 잘하는 사람을 뒤에서 지켜본 적이 있다. 여기다 싶은 타이밍에 기가 막힌 패를 척척 가져와 내 기분이 다 좋아질 정도였다. 옆에서 보면 운이 좋은 듯 보이나 그건 우연이 아니라 계속 같은 일을 해서 신체 감각이 연마한 '읽기' 능력으로 판단하는 것임을 알 수 있다.

이 '읽기'가 좋은 사람이 운이 좋아진다. 읽기와 감은 비슷한데 읽기 쪽이 자기 감각에 근거해 분석한다. 종종 착각하는 게 논리만으로 분석해버리는 사람이다. 마케팅을 하는 사람이 논리만으로 '이건 팔릴 것 같다'라고 생각해도 자기 감각이 살아 있지 않으므로 '읽기'는 어긋난다.

감각이 연마되지 않은 상태에서 아무리 외부 조사를 통한 것이라도 좋은 결과는 생기지 않는다. 내 안에서 '이게 맛있어' 또는 '이게 좋아'라는 감각을 연마하지 않으면 올바른 판단을 할 수 없다.

시청자의 시선으로 결정한다

가장 좋은 방법은 내 안에 상대의 시선을 갖는 사람이다. 나와 TV 프로그램을 함께 진행하는 아나운서는 TV 출연만이 아니라 시청도 좋아한다. 나도 마찬가지여서 둘이 대화하다 보면 대체로 의견이 일치한다. 두 사람 모두 "이건 시청자가 보기에는 아니죠", "지금 건 괜찮네"라고 말하며 프로그램 중간 광고

때 각자 '순간 TV 비평'을 한다.

또다른 아나운서와도 감각이 잘 맞아서 그와 함께 방송할 때는 정말 편하다. "이 VCR의 해설 시간은 30초로 끝내죠", "다음은 시청자가 재미있게 생각할 테니까 시간을 더 주자" 등 융통성을 살려 프로그램 중에 바로 결정하기도 한다.

'시청자가 어떻게 볼까?'라는 시선을 세 사람 다 지니고 있기 때문이다. 두 아나운서는 자기들이 하고 싶은 일을 하는 게 아니라 시청자가 어떻게 느낄지를 중요시해 '시청자가 즐겁다면 이곳을 더 확대하자'라는 판단을 늘 정확하게 내린다.

둘 다 자기 안에 '시청자 시선'을 지니고 있기 때문에 나는 이 두 사람이 있으면 안심하고 프로그램을 진행할 수 있다.

자기객관화하지 않으면 판단 실수로 이어진다

'내 안에 상대의 시선을 지니라'는 말은 세븐&아이 홀딩스의 스즈키 도시후미 회장이 입사식에서 늘 하는 말이다. "여러분은 소비자였으니까 그걸 잊지 마세요"라며 소비자의 시선이 얼마나 중요한지를 강조한다.

연극 연기자에게 '떨어져서 봄'이란 말이 있는데, '관객이 보는 나를 의식하라'라는 것이다. 객석에서 나를 보면 의외의 일면이 보이기 때문이다. 이렇게 주관이 아니라 객관으로 볼 수 있으면 착각이나 실수가 줄어든다.

  자기객관화가 되지 않은 채 우쭐대는 사람은 판단 실수가 많아져서 결국 운이 나쁜 사람이 된다.

몸을 다듬는다

몸의 감각이 민감해야 컨디션이 잘 조정된다

앞서 설명한 마작 세계에서 신체 감각의 중요성을 언급했다. 나도 신체 감각을 기반으로 한 교육을 제창하고 있으므로 마작의 세계와 일치될 때가 많다.

  그중에서도 "내 말이 그 말!"이라며 일치한 점은 '위화감을 계기로 자연스러운 감각을 찾는다'라는 것이다. '어라, 오늘은 몸이 좀 무거워', '오늘은 구두도 무거워'와 같은 위화감을 느낀다면 상당히 피곤하다는 사실을 깨닫게 된다.

  나는 테니스를 좋아해서 자주 치는데 라켓을 쥐는 순간 오늘의 컨디션을 알 수 있다. 컨디션이 좋을 때는 손가락이 라켓을 빨아들이듯 떨어지지 않는다. 그런데 컨디션이 나쁘면 라켓이 막대기처럼 변해서 마치 낯선 물건을 잡는 듯하다.

  야구 선수 중에서도 배트를 여러 개 집어놓고 몇 그램밖에 차이 나지 않는데도 섬세한 감각을 동원해 "배트 가운데 오늘은 이걸로 하자"라며 골랐다고 한다.

　이처럼 신체 감각이 예민하면 컨디션을 잘 조정해 다양한 상황에 대처할 수 있다. 물론 사소한 부분은 신경 쓰지 않고 '남에게 빌린 배트로도 얼마든지 칠 수 있어'라고 담대한 둔감함으로 사는 사람도 있다. 그것도 행복한 삶의 방식일 수 있다. 그러나 일반적으로는 몸의 감각이 민감한 편이 나쁜 운이 올 때 대처하기 쉬워서 안전하다.

　참고로 배트로 따지면 프로 가운데는 남에게 빌린 배트로 홈런을 쳐버리는 사람도 적지 않다. 그건 둔감해서가 아니라 남에게 빌린 배트가 신선하기 때문이다. 평소와는 다른 배트라 몸의 감각이 각성해 홈런을 치는 것이다. 그러므로 '빌린 배트로 홈런을 치는' 일은 종종 있는 일이나 오래 계속되지는 않는다.

다른 일을 하면 몸이 각성한다

스피드 스케이트 금메달리스트와 대담한 적 있다. 그녀에 따르면 근육은 게으름을 잘 부려서 평소 하는 일을 예측한다고 한다. 그녀가 경기 날, 실은 아침부터 컨디션이 나빠서 '몸이 안 좋으니 평소처럼 최선을 다하는 건 포기하자'라고 생각하고, 준비와 웜업 등 모든 단계를 평소와는 다르게 했다고 한다.

출발선에 섰을 때도 '오늘은 이기든 지든 상관없어'라는 마음으로 달리기 시작한 결과 오히려 세계신기록을 냈다. 늘 같은 일을 하면 자기 몸이 게으름을 부리는데, 그럴 때는 평소와 다르게 훈련해서 몸이 "어라?"라며 각성하게 해 잠재 능력을 끌어낸다는 것이다.

메이저리그로 진출한 야구 선수 중에는 자신만의 승리 루틴을 가지고 전혀 흔들림 없는 준비를 한다는 방식도 있다. 그는 식사 내용도 장소도 모든 걸 정해놓아 불확실한 요소를 배제한다. 그렇게 하지 않으면 컨디션이 나쁠 때 뭐가 원인인지 알 수 없기 때문이다. 그런 그도 타격 자세는 일정하게 유지하지 않고, 매년 타법을 바꿨다고 한다.

생각해보면 내 몸도 바뀌고 싸우는 상대도 바뀐다. 상황을 파악하며 일정한 형식에 얽매이지 않고 현실적으로 효과적인 방법을 찾는 조정법을 늘 시도하는 게 정답일지 모른다.

루틴(형식)을 가지면 강해지는데 정말 운을 내 편으로 삼아 계속 이기는 사람은 자기 몸 안에 확실한 감각이 있고, 그 감각을 내 몸으로 느끼며 대처한다.

공식 6

'운'은 흔들림이 적은 사람에게 온다

매사에 일희일비하지 않고 흘려버리는 기술

합리적이고 담백한 성격이 운을 부른다

가끔 연락하고 지내는 지인이 있는데, 그에게는 아주 친한 친구가 없었던 듯하다. "막역한 친구가 없다"라고 말하기도 했는데, 막역이란 속을 터놓고 진심으로 무엇이든 말할 수 있는 친구라는 의미다.

"내게는 막역한 친구라고 할 만한 사람이 한 명도 없어요. 세상에 없을 뿐만 아니라 친하다고 할 사람도 없죠. 그렇다고 내가 비뚤어져 사람들과 어울리지 못한다는 소리는 아닙니다. 오히려 누구와도 유쾌하게 말하고 굳이 말하자면 수다쟁이인데 겉으로만 그렇지 깊이 들어가지는 않아요"라고 했다.

즉, 깊이 어울리기보다 '담담한 교류'라고 해야 할까. 그는 성격이 담백해 인간관계에 무심하고 집착하지 않는다. 이 '무심함'이 중요하다.

마침 사이가 좋아져 친해지면 좋고 그 사람이 떠나고 새로운 사람이 생기면 또 흔쾌히 대화한다. 유일무이한 친구나 뜨거운 우정을 믿는 사람이라면 너무 냉정하게 보일 수 있으나 이것도 운을 부르는 또 다른 방법이다.

그의 담백한 성격이 잘 드러나는 이야기가 어린 시절의 일화다. 그는 "어린애치고 정신은 상당히 담백했다"라고 자신을 묘사할 만큼 매사 합리적으로 생각하는 타입이었다.

어느 날, 신사에서 신체로 모시는 돌을 버리고 길거리에서 주운 돌을 넣어둔 일이 있었다. 그 사실을 알 리 없는 사람들이 그가 놓아둔 길거리의 돌멩이를 소중히 모시고 술을 바치는 게 재미있었다.

점이나 부적, 신불 등을 전혀 믿지 않는 그의 타고난 합리성과 담백함을 우리도 갖춘다면 '악령이 붙었어!' 혹은 '저주에 걸려' 등과 같은 바보 같은 소리에 걸려들지 않을 것이다. 신사의 신체를 버리고도 별탈없이 행복한 인생을 살고 있으므로 철저히 합리적으로 산다는 방법도 있다.

단순하게 산다

에너지 누전을 없앤다

이 세상에는 스스로 통제할 수 있는 일과 그러지 못하는 일만 있으므로 통제할 수 있는 일에 집중하는 게 상책이다. "상사가 나빠"라고 아무리 투덜대도 상사를 없앨 수 없다. 고민해봤자 내가 어떻게 할 수 없는 일에 괜한 에너지를 쓰지 않는 게 가장 간단한 사고방식이다.

운이 좋아 보이는 사람은 실패에 기죽지 않는 사람이다. 성공하는 사람은 타석에 서는 횟수가 정말 많다. 기회가 오면 이리저리 고민하지 않고 그냥 한다. 바로 거기서 성공이 찾아온다. 타석수를 최대한 늘리고 수행하면 반드시 다음이 온다.

꼼꼼하게 생각해 매사를 어렵게 꼬는 사람이 많은데 일단 단순하게 생각해 에너지를 괜히 낭비하지 않는 방식이 운을 끌어당긴다.

나는 괜한 생각을 하는 행위를 '에너지 누전'이라고 부른다. 예를 들어, 회의할 때 에둘러 의사 결정을 진행하는 사람이 많은데 바로 본론으로 들어가 "이건 이렇게 했으면 좋겠다"라고 말하면 일이 아주 빨라져 결과적으로 운도 좋아진다.

네 가지 말로 행복해진다

하와이 전통에 '호오포노포노'라는 사고방식이 있다. 이와 관련된 책도 나와서 읽어 보았는데, 네 가지 말로 행복해질 수 있다고 한다.

"죄송해요."

"용서해주세요."

"고마워요."

"사랑합니다."

사랑과 감사의 말이다. 이 역시 매우 단순한 사고방식이다. 세상에서 일어나는 일은 잠재의식의 정보와 과거 기억이 재생되어 발생하므로 그 기억을 지우고 '제로' 상태로 만듦으로써 현실 문제를 해결하고자 하는 방식이다.

이는 붓다의 방식과도 비슷하다. 온갖 문제는 내 머릿속에서 생각하고 만든 일이므로 제거해 무의 상태로 만든다는 것이다. 내 마음을 차분히 해 무로 만들어 바라보면, 문제는 존재하지 않았음을 깨닫게 된다.

'호오포노포노'로 기억을 삭제할 때 사용되는 말이 앞서 소개한 "미안해요", "용서해주세요", "고마워요", "사랑합니다"라는 네 가지의 말이다.

이 중에서 고맙다는 말과 미안하다는 말은 늘 쓰는데 사랑한다는 말과 용서해달라는 말은 잘 쓰지 않는 듯하다. 내 강연회에 온 사람들에게도 "사랑합니다"라고 말하면 분위기가 오히려 어색해진다.

일단 단순하게 이 네 가지 말을 읊어댐으로써 마음을 제로 상태로 만들어 쓸데없는 요소를 제거하는 방식은 경을 읊어

무의 경지가 되는 깨달음과 비슷하다.

흐름에 몸을 맡긴다

어떤 일에도 '인연'이라고 생각하고 경험치를 쌓는다

초등학교 6학년 때부터 주방 심부름을 시작한 고아 소년이었지만 제국호텔의 최고 주방장부터 요리 고문까지 맡은 요리사 무라카미 노부오는 자신의 책 《제국호텔 주방이야기》에서 행운을 잡는 방법을 언급했다.

전쟁터에 나갔다가 다쳐서 병원에 실려 왔을 때 함께 있던 부상한 동료는 "이렇게 다치다니 난 정말 불행해"라고 한탄했다. 그러나 무라카미는 오히려 운이 좋다고 생각하고 군의관에게 "저는 정말 행운아입니다. 총알 위치가 조금만 달랐어도 죽었을 거예요. 그런데 이렇게 살아있잖아요. 운이 좋죠"라고 말했다.

이 사람은 자기 운명을 정말 솔직하게 받아들였다. "인생 전환의 계기는 언제나 사람과의 인연이었다"라며 "여기가 좋아"라는 상대의 말을 순순히 따랐다. 제국호텔 주방에서 일하게 된 것도 우연히 어떤 사람의 권유를 받았기 때문이다.

무라카미처럼 사람과의 인연에 순순히 따르는 사람이 있다. 그리 깊이 생각하지 않고 흐름에 맡기는데, 괜히 스스로 헤엄치려고 하지 않는 게 물에 빠지지 않는 방법일 수 있다. 과거에는 결혼도 다 '인연'으로 결정되었다. 인연으로만 움직여도 나름대로 기회를 잡을 수 있었다.

늘 내 의지와 생각으로만 움직일 게 아니라 사람과 사람의 인연과 우연으로 이어나가며 경험을 통한 지식을 쌓는 방법도 있다.

이 세상은 헛된 것, 오는 배에 탄다

앞머리만 있는 기회의 여신 그림을 본 적 있다. 정말 앞머리밖에 없어서 뒷머리는 완벽한 대머리다. 기회의 여신 뒷머리가 대머리인 그림이 너무 강렬해 무슨 일이 있을 때마다 그 그림이 선명하게 떠오른다.

어쩌다가 아침 보도 프로그램을 매일 담당하게 되었다. 이른 아침에 잘 못 일어나는 데다 안 그래도 바쁜 나 같은 사람이 아침 프로그램을 맡아서는 절대 안 되는 일이다. 게다가 더 일을 늘리지 않아도 잘 돌아가고 있으므로 프로그램 요청을 거절해도 상관없었다. 그런데 그때 떠오른 생각이 뒷머리가 대머리인 여신의 그림이었다.

출연 요청에는 타이밍이 있어서 그때가 아니면 경험할 수 없다. 초등학교 때부터 밝고 긍정적인 사회로 만들고 싶다는 막연한 희망이 있었다. 그래서 이번 프로그램을 통해 그 마음을 표현할 기회가 주어진다면 그 기회를 활용하고 싶었다.

딱히 실패나 성공은 없다. 기회만 있으면 해보는 것이다. 그러면 경험치가 더해지고 경험은 여유로 이어진다. 기회가 생겼을 때 개인적인 호불호나 능력의 여부로 판단하지 말고 일단 해보는 게 좋다.

결혼도 마찬가지다. 나를 좋아해주는 사람이 있다는 건 하나의 기회다. 이 사람과 결혼해도 될까, 혹은 이 사람의 부모님은 어떤 사람인지를 깊이 생각하면 한 걸음도 떼지 못하고 타이밍만 놓친다. 너무 깊이 생각하지 말고 기회로 삼는 가벼움이 때로는 필요하다. 요컨대 너무 깊이 생각해 결국은 행동하지 않는 것보다는 오는 배에 올라타는 게 좋다.

어느 수험생이 제1지망 학교에 가고 싶었는데 제2지망 대학에 가고 말았다. 그때 느끼는 좌절과 콤플렉스가 있을 것이다. 그러나 대학이라는 배에 올라탔으니까 그 자리에서 활약하자고 생각해보라. 무슨 일이나 '그때 온 배'가 있다. 좋아한다는 감정에서 출발하지 않고 결혼 상대를 연봉이나 학력, 키, 건강 상태 등 다양한 조건을 넣어 선택하면 오히려 선택하기 힘들어진다.

더 커다란 '인연'을 계기로 가볍게 받아들이는 게 운 좋은 사람이 되는 비결이 아닐까.

> **3장 정리**
>
> **일류에게 운이 따르는 이유는**
> - 감성을 갈고닦기 때문이다.
> - 균형 감각이 좋기 때문이다.
> - 흔들림이 적기 때문이다.

4장

'운'을 내 편으로 만들 수 있는가

앞에서 운 좋은 사람이 운을 끌어당긴다고 이야기했다. 그렇다면 운이 나쁜 사람은 운을 끌어당기지 않는다는 말일까? 애당초 운은 끌어당길 수 있는 걸까? 누구나 운을 자신에게 끌어당길 수 있을까? 이 장에서는 운을 끌어당기는 방법을 살펴보고자 한다.

공식 7

기본 원리를 갖는 게 중요하다

⋮

경쟁우위에서 싸운다

2승 10패의 사업화 인생

비즈니스 세계는 환경 적응이 최우선인데 운에 좌우되는 면도 있어서 운을 끌어당기는 방법을 배우는 게 참고가 된다.

일본에서 '나의 이탈리안', '나의 프렌치'라는 식당이 인기를 끌었다. 이 식당을 연 사람은 중고 책·가전 판매 체인점 북오프의 창업자이기도 한 사카모토 다카시('나의 주식회사' 대표로 2022년에 별세했다. - 옮긴이주)다.

회사나 가게 이름에 '나의'를 붙인 시점부터 아주 흥미로운데 이 사람이 북오프까지 창업한 사람이라면 상당한 실력자임을 알 수 있다. 당연히 밖에서 보면 그는 운 좋은 사람이다. 그가 쓴 책 《오레노 식당》을 읽으면 "2승 10패의 사업화 인생이었다"라는 구절이 있다.

첫 사업은 오디오 사업이었다. 1970년, 아버지의 엄청난 반대에도 토지 5백 평을 매입해 주차장이 딸린 대형 오디오 판매점을 열었다. 안으로 들어가면 고급 스피커에서 음악이 크게 나오는 대단한 가게였다. 그러나 이 가게는 크게 실패했다.

'내가 도산했을 때 고후 시내에 다이에(종합 슈퍼마켓)가 들어왔습니다. 우리 가게에서는 들여오는 가격이 9만 8천 엔인 오디오가 6만 엔에 팔리고 있더군요. 이걸 보자마자 끝났다고 생각했습니다.'

_《오레노 식당》 중에서

그 실패를 통해 '판매 방식에 혁신적인 요소 없이 기존 가게와 같은 기술로 같은 물건을 팔아서는 망한다'라는 교훈을 얻었다.

이후 중고 피아노로 성공한 다음 중고 책으로 넘어갔다. 북오프가 성공한 핵심은 책의 가격이 아니라 깨끗한지 아닌지로 가격을 결정한 점이다. 종이 줄로 책의 단면을 갈면 새 책처럼 되는 방법까지 도입해 중고 서점 유통 시스템을 혁명적으로 효율화함으로써 성공을 거뒀다.

비즈니스 모델은 5분이면 생각할 수 있을 만큼 간단한데 성공시킨 요소는 '경쟁우위'였다. 쉽게 말하면 '이겼다'라는 것이다. 진입 장벽을 높여 새로운 사람이 들어와도 경쟁이 안 될 만큼 경쟁력 있는 걸 만들어야 한다.

실제로 중고 책 업계에서 북오프는 압도적인 강점을 자랑하고 있다. 단순한 방식이라 책을 팔러 가는 사람도 사러 가는 사람도 쉽게 이용할 수 있다. 게다가 신간처럼 보이는 깨끗한 책이 가득해 충격을 받았다. 성공적인 비즈니스 모델이 아닐까?

원가를 첨벙첨벙 쏟아부어라!

그후 사카모토는 '나의 이탈리안', '나의 프렌치'를 열며 경쟁이 치열한 요식업계에 뛰어들었다. 그때 '나의'라는 단어가 압도적인 경쟁우위를 지니려고 한 일이 '원가를 첨벙첨벙 쏟아부어라!'라는 전략이다. 원가를 들인 만큼 고객 회전을 빠르게 해 이득을 내는 비즈니스 모델이다.

북오프로 우선 경쟁우위를 만들고 '나의'에서도 마찬가지로 기본 원리를 지킨 것이다. 처음에는 오디오 전문점으로 실패했으나 그 경험을 통해 중고 피아노로 성공하고 그 지식을 응용해 중고 책에서 성공했다. 성공을 발판 삼아 '원가를 첨벙첨벙 쏟아붓는다'라는 경쟁우위로 요식업계에서도 성공을 거둔 것이다.

철학이 사업 성공을 이끈다

이나모리 가즈오의 아카데미에서 철학을 배우다

사실 사카모토는 북오프로 크게 성공한 다음 그대로 은퇴할 생각이었다고 한다. 하와이에서 골프나 치며 지내려고 했다니, 그것도 정말 운 좋은 인생이었다. 그러나 그 인생을 뒤로 미루고 요식업계라는 엄청난 파도 속에 몸을 던졌다.

왜 그랬냐 하면 스승인 이나모리 가즈오가 일본항공 JAL의 재건을 요청받고 받아들인 사실을 알았기 때문이다. 사카모토는 내가 은퇴를 해도 되는지 생각했다고 한다. 그리고 재능 있는 직원들에게 독립의 길을 열어주고, 직원의 행복을 실현하고자 요식업계에 나섰다. 이번에는 돈보다 사람을 행복하게 하는 일을 하고 싶었다.

물론 이때도 이나모리의 영향이 아주 컸다고 한다. 사카모토는 이나모리의 아카데미에 다니며 경영 이념을 배웠는데 배움 이후 본인 사업이 더 잘 돌아갔다.

이나모리는 세라믹 회사 교세라의 창업자로, '나의'를 만든 사카모토의 요식업과는 다르지만 어떤 업종에나 적용되는 철학이 있었다. 에도 시대부터 이어진 상인 가문의 가훈과 비슷한 부분이다. '배려하는 마음으로 성실하게', '구체적은 목표를 세운다', '공명정대한 사업 목적을 갖는다' 등 경영의 근본은 다 통하는 모양이다.

핵심은 철학, 즉 이념이다. 마쓰시타 고노스케 역시 비슷한 말을 했는데 이나모리의 철학도 마찬가지다. 예를 들어, 이나모리 가즈오의 좌우명은 '경천애인(敬天愛人)'이다. '하늘을 숭배하고 인간을 사랑한다'라는 의미다. 이후 이나모리의 좌우명이 사카모토로 이어졌다.

'무사의 마음'과 '이타 정신'

이나모리가 젊은 경영자를 위해 연 아카데미 세이와주쿠의 문답을 정리한 책 《이나모리 가즈오 사장의 그릇》에 다음과 같은 내용이 있다.

> '당신이 젊은 사람들과 낮에 자주 만나는 게 아니라면 일이 끝나고 밤에는 모여 이야기를 나누며 진정한 동지적 결합을 도모해야 합니다. 메이지 유신을 일으킨 사람들이 밤이면 밤마다 교토에 모여 이상적인 미래를 열띠게 토론한 일과 같습니다.'
>
> _《이나모리 가즈오 사장의 그릇》 중에서

회사 경영도 메이지 유신과 같다. 새로운 사장이 될 젊은 경영자들에게 혁명의 개막이라고 조언하는 것이다.

또한 재목이 될 직원을 발견해내 오른팔로 만들어 그 사람을 선교사로 만들어야 한다고 말하고 있다. 손오공이 되어 분신술을 부려 직접 직원과 말하면 좋겠지만 회사 규모가 커지면 그렇게 할 수 없다. 그러므로 간부와 대화해 그 사람들에게 선교사가 되어달라고 전하면 된다.

나아가 '무사의 마음'의 소중함도 호소했다. 《이나모리 가즈오 사장의 그릇》에는 '나를 사랑하는 게 최악'이라는 말을 인용하며 다음과 같이 썼다.

> '자신을 사랑하는 건 좋지 않다는 뜻입니다. 리더로 훌륭하게 일하려면 사심을 갖지 말고 인간으로서 올바른 일을 올바르게 하는 게 중요합니다.'
>
> _《이나모리 가즈오 사장의 그릇》 중에서

이른바 '무사의 마음'이다. 사심 없이 '이타 정신'으로 최선을 다해 사는 사람일수록 성공하는 사람이 많다. 결국은 내가 잘나서 돈을 벌었으니까 '내 덕이야'라고 생각하기 마련인데, 다른 사람을 위해 열심히 노력하다가 성공하는 예가 많다.

직원의 마음을 훔칠 수 있는가

이나모리는 '공평무사의 리더상'을 이상적으로 꼽았다. 그런 리더라면 '직원의 마음을 훔칠' 수 있다.

인간은 운 좋은 사람을 따르고 싶어 하겠지만 운이야 어떻든 일단 인간적으로 존경할 수 있는 멋진 리더를 따르고 싶어 할 것이다.

이나모리는 '리더 역할 10개 조항'으로 다음과 같은 내용을 들었다.

❶ 사업의 목적·의의를 명확히 하고 부하에 지시한다.
❷ 구체적인 목표를 들고 부하와 함께 계획을 세운다.
❸ 강렬한 바람을 끊임없이 마음에 품는다.
❹ 누구에게도 뒤지지 않는 노력을 한다.
❺ 강한 의지를 지닌다.
❻ 훌륭한 인격을 갖는다.
❼ 어떤 어려움을 만나더라도 절대 포기하지 않는다.
❽ 부하에게 애정을 갖고 접한다.
❾ 부하에게 계속 동기부여를 준다.
❿ 항상 창의적이어야 한다.

운이 좋고 나쁨을 따지기 전에 당신은 이 10개 조항을 실천하고 있는가? '나의'를 만든 사카모토는 자신에게 부족한 부분을 이나모리를 만나 알게 된 것이다. 그때부터 자기 사업을 다시 돌아보고 성공할 수 있었다.

메이지 유신을 일으키는 것도, 교세라를 만드는 것도, 북오프를 창업하는 것도 다 철학의 힘임을 알 수 있다.

수요에 응한다

세상은 옳다

비즈니스를 하는 사람은 늘 세상이라는 시장에서 경쟁하며 싸워야 한다. 과거 무장선을 거느린 선단처럼 기업이 안정적으로 지켜지는 시대는 끝났다. 대기업조차 세계 시장 속에서 치열한 전투를 벌여야 하는 상황이다.

이때 세상에 대한 사고방식이 중요하다. 마쓰시타 고노스케는 사업 혹은 장사라는 단어를 주로 사용하는데 일개 점원에서 한 단계씩 올라온 고노스케다운 말이다. 마쓰시타 전기, 즉 파나소닉을 세계적인 기업으로 성공시켰음에도 불구하고 '비즈니스'라고 하지 않고 '사업'이라는 말을 쓰는 감각은 의외로 중요할지 모른다.

그의 책 《사업의 마음가짐》은 '세상은 옳다'라는 내용으로 시작한다.

> '매일 힘차게 장사하는 데 중요한 점 하나는 이른바 세상이라는 것을 신뢰하는 일이라고 생각합니다.'
>
> _《사업의 마음가짐》 중에서

처음 내용으로 '세상은 옳다'로 시작하다니 정말 흥미로웠다. 그리고 "세상을 볼 때는 늘 건전하다고 생각한다"라고 되어있다. 그리고 고노스케 본인은 이렇게 생각해 왔다고 한다.

'세상이란 내가 잘못하거나 실수하지 않는 한 늘 받아들여주고 지지해 주죠……. 즉 '옳은 일을 하고 있으면 고민은 생기지 않는다. 고민이 있다면 내 방식을 바꾸면 그만이다. 세상은 옳다. 그러므로 올바른 세상과 함께 열심히 일하자'라고 생각하는 겁니다.

물론 개별 사안을 보면 틀린 판단이나 대우를 받을 때도 있습니다. 그러나 길게 보면 역시 세상은 옳고 신뢰할 수 있다고 생각해도 될 겁니다.'

_《사업의 마음가짐》 중에서

달랑 이 정도 문장만 읽어도 '아! 맞아!'라는 생각이 든다. 그리고 '날 인정하지 않는 사회가 나빠', '세상은 아직 내 수준을 따라오지 못해'라는 오만불손한 자신부터 반성하게 된다.

세상은 수요와 공급으로 이루어진다

나도 대학원을 다닐 때 아주 어려운 주제의 논문을 쓰는 바람에 내용을 쉽게 전달할 수 없었다. "교육의 기본은 호흡이다"라고 주장했는데 그 논리 전개가 너무 황당해 제대로 전해지지 않았다.

  내 논문을 읽은 사람으로부터 "인간은 호흡하지 않으면 죽으니까"라는 말을 듣고 '아, 내 글을 전혀 이해하지 못했구나'라고 절감했다. 또 실적을 올리기 위해 짧은 논문을 써야 했는데 그때 '왜 나 같은 사람을 인정하지 않지?'라며 혼자 분개했다.

  생각해보면 수요가 있는 논문을 쓰지 않았으므로 인정받지 못했을 것이다. 게다가 '호흡'이라는 주제로 책을 여러 권 쓰기까지 했으니 자리를 못 잡는 게 당연했다. 사실 동기 가운데 내가 제일 취업이 늦었다.

  '왜 내가 제일 열심히 하는데 세상 사람들은 다 몰라주지?'라고 생각했다. 사람들이 원하는 걸 쓰지 않았으므로 당연한 결과다. 사람들은 '학생 지도론'과 같은 책을 원했다. 그런 책을 썼더라면 '이 사람에게 학생 지도론 수업을 맡겨 볼까?'라고 생각한 교육 기관도 있었을지 모른다.

  무엇보다 '호흡'이라는 과목은 없었으니 아무리 관련 논문을 많이 쓰고 여러 대학에 지원해도 채용될 리 없었다. 한 지방 대학에 지원하고 이곳은 정말 경치도 공기도 좋은 곳이니까 여기에 뼈를 묻자며 완전히 마음을 굳혔다. 그런데 거의 들춰 보지도 않은 흔적이 고스란히 남은 내 논문이 반송되었을 때는 정말 슬펐다.

수많은 낙방의 경험을 되짚어 보면 내가 떨어진 이유는 '수요에 맞지 않았기' 때문이다. 이 점은 내가 채용하는 쪽이 되고서야 비로소 알게 되었다. 정말 흥미롭고 독창적인 주제를 연구하는 사람이라도 대학에서 담당할 과목이 없으면 채용이 어렵다.

채용 심사에 들어가 '이 사람, 재밌네'라고 생각해도 다른 심사위원이 말리면 더는 추천할 수 없다. 또 수요에 맞는 사람을 채용하면 대체로 일을 잘해 '채용하길 잘했다'라는 생각이 들게 마련이다.

세상은 수요와 공급으로 이루어져 있다. 수요를 무시하고 '나는 이만큼 재능이 많아', '우리 회사 제품은 이 점이 좋아'라고 아무리 우겨도 상대가 필요로 하지 않으면 의미가 없다.

타자 실현으로 시작해 자아실현으로

그 점을 깨닫고 나는 '자아실현보다 타자 실현'에 열중하기로 마음먹었다. 그리고 세상에 이런 게 있으면 편리하겠다는 생각에서 《소리 내어 읽고 싶은 일본어》라는 책을 출간했다.

다양한 명문장과 고전 희곡 대사를 모아 책으로 출간하면 아이들에게 읽어줄 수 있고 노인들도 즐길 수 있으리라 생각했다. 바로 샘플을 만들어 출판사에 가지고 갔더니 한 출판사가 원고를 받아주었다.

이 책이 시리즈 누계 260만 부를 넘기는 베스트셀러가 되어 NHK의 '일본어로 놀자' 프로그램으로까지 이어졌다. 그리고 그 프로그램을 보고 자란 아이들이 일본어와 일본 전통에 관심을 가지게 되어 내가 하고 싶었던 '교육'에 조금이라도 공헌하게 되었다고 믿고 있다.

첫 실마리를 타자 실현으로 시작해 자신이 가진 무기와 하고 싶은 일을 이어간다, 그 접촉면이라고 해야 할까, 인터페이스가 중요하다. 어떻게 연결하고 이어나갈지의 첫 단추는 일단 타자 실현이다.

'나는 운이 나빠'라며 불만을 품는 사람이 많은데 운은 거의 세상이 쥐고 있다. 일단 세상의 수요, 즉 타자 실현을 목표로 하는 것도 운을 끌어당기는 방법 가운데 하나다.

일부러 어려운 길을 선택한다

쌓아나가는 게 아니라 쌓아 없앤다

세상에는 요령 있게 척척 기회를 잡는 사람이 있다. 그러나 처음에 잘 나가는 사람이 끝까지 잘 나가리라는 보장은 없다. 대학을 졸업하고 대기업에 쉽게 취직해도 그 회사가 망하거나 구조조정이 될 수도 있다. 반대로 처음에 수월하게 취업하지 못한 사람이 나중에 성공하기도 한다.

실은 힘든 길을 가는 사람이 성공하는 경우가 의외로 많다. 프랑스에서 활동한 일본의 아방가르드 예술가 오카모토 타로도 쉬운 길과 어려운 길이 있으면 늘 어려운 길을 택한다고 했다.

그는 책에서 '사람들은 인생은 쌓아나가는 것이라고 한다. 오히려 나는 쌓아 없애야 한다고 생각한다'라고 했다. 자신을 하나씩 쌓아나가는 게 아니라 점점 줄이라는 것이다.

과거에 쌓은 경험에만 얽매이면 점점 자유롭게 움직일 수 없는데 쌓은 걸 덜어내 몸이 가벼워지면 자신의 폭을 더 넓힐 수 있다.

상대의 약점을 잡거나 속임수를 쓰지 않는다

한 프로 게이머도 일부러 어려운 길을 택한다는 말을 한 적이 있다. 그는 '세계에서 제일 오래 상금을 탄 프로 게이머'로 기네스에 오르기도 했다. 17세에 세계 최고라는 칭호를 얻었고 마작 세계에서도 최고 기사가 되어 미국 기업과 프로 계약을 맺었다.

이 사람이 승리하는 비결은 편한 길을 피하는 것이다. 상대의 약점을 잡거나 속임수를 쓰지 않는다. 99.9퍼센트의 사람은 이런 식으로 계속 이길 수 없다. 그러나 그의 승리에는 정해진 스타일이 없었다. 자기 특기에 의존하지 않고 어떤 상황에서도 이기는 방법을 찾았다.

특기가 있으면 그것에 매달리고 만다. 그러나 늘 새로운 기술이 없는지 찾아다니며 값싼 승리를 바라지 않는 태도가 계속 승리하는 비결이다.

이 프로 게이머는 '사람 읽기'라고 말했는데 상대의 기술이나 약점을 읽는 게 게임 세계에서는 '사람 읽기'라고 한단다. 그는 "사람 읽기에 특화되면 내 성장은 없다"라고 단언하고 굳이 험한 길을 걸었다고 한다. 게임이라는 세계의 동서남북을 샅샅이 직접 걸으려 했다. "모든 방법을 다 찾아봐야 정답을 찾을 수 있어"라며 구석구석까지 철저히 뒤졌다.

이 정도면 운이 관여할 여지가 없다. 더 어려운 상황, 더 어려운 방식에 늘 도전해 철저하게 해치우는 방식이다. 요령 있게 나아가는 사람보다 "왜 그리로 가?"라는 소리를 들으며 굳이 어려운 길을 가는 사람에게 크게 성공할 기회가 열려있다.

공식 8

'리질리언스(회복탄력성)'를
익힌다

회복탄력성이 있는 사람은 무엇이 다른가

의지가 꺾여 원래대로 돌아온다

현재 심리학이 주목하는 용어가 '리질리언스Resilience 즉, 회복탄력성'이다. 원래는 물리학 용어로 물체, 이를테면 금속은 충격에 움푹 파이면 반발해 원래 형태로 돌아오려 한다. 그 힘을 '리질리언스'라고 한다.

심리학에서는 마음이 무너졌을 때 원래 상태로 돌아오는 힘을 말한다. 우리 일상에서도 뭔가 나쁜 일이 일어나 '아, 운이 나빠. 망했어'라고 침울해져 소극적으로 행동할 때가 있다. 그때 리질리언스가 있으면 나쁜 일이 있더라도 잘 극복하고 회복할 수 있다.

리질리언스는 운을 끌어당기는 데 중요한 요소다. 피겨 스케이트 선수 아사다 마오가 소치 올림픽 쇼트 프로그램에서 말도 안 되는 실수를 저질렀다. "나도 무슨 일이 일어났는지 몰랐다"라고 할 정도로 어처구니없는 실수였다.

그런데 다음 날, 프리 프로그램에서는 멋지게 재기해 완벽에 가까운 연기를 해냈다. 비록 메달은 따지 못했으나 쇼트 16위에서 종합 6위까지 올라갔으니 그야말로 기막힌 부활 드라마였다. 본인의 빛나는 미소도 성취감을 증명했다.

아사다의 코치는 그녀가 쇼트 프로그램에서 실수했을 때 자기 옛 제자 이야기를 해주며 격려했다고 한다. 그 사람은 시합 직전에 고열이 났는데도 최고의 연기를 펼쳤다.

"궁지에 몰렸을 때 최고의 연기가 나올 수도 있어"라는 조언을 듣고 아사다 마오는 자신감을 되찾을 수 있었다.

자기긍정감이 열쇠다

내게 가치가 있다고 생각하는 힘

이처럼 코치의 존재는 선수에게 큰 영향을 준다. 코치가 칭찬하거나 격려하면 자기긍정감이 커진다.

엄청난 스트레스를 받는 스포츠에서는 코치가 없으면 꼼짝 못 할 때가 있다. 실수하면 악순환이 이어지는데 그것을 막고 자기긍정감을 상기시키는 사람이 바로 코치다.

내가 좋아하는 고교 야구를 보면 그 팀에 '리질리언스가 있느냐?'에 따라 명백하게 승패가 갈린다. 강한 팀은 감독과 코치가 "우리는 할 수 있어!"라고 자기긍정감을 고무하면 다른 팀보다 리질리언스가 높아 실수해도 금방 회복이 된다.

회복탄력성의 열쇠는 자기긍정감이다. '난 가치 있는 사람이야. 할 수 있어'라고 생각하면 본래 가진 능력을 발휘할 수 있게 되어 나쁜 결과를 불러오지 않는다.

내 리듬을 의식해보자

리질리언스와 관련된 책들을 보면, 리질리언스는 '극복한다'라는 뜻으로 생체에 가해진 스트레스에 대한 회복력을 가리킬 때도 사용된다고 한다. 우울증에 관한 기술이 흥미로운데, 사회 리듬에 자기 리듬을 맞추지 못해 억지로 맞추다가 휘말리고 만다. 이것을 '우울증'이라고 한다. 요컨대 생명의 리듬감을 잃어버린 상태다. 우울증은 병원 대기실에 있을 때의 행동이나 표정, 눈동자 움직임에도 드러난다고 한다.

자기 주변 사람을 봤을 때 잠시나마 '이 사람, 어둡네' 혹은 '우울해 보이네'라고 생각되는 사람은 대체로 표정이 딱딱하고 행동이 둔하다. 사람은 원래 의사소통할 때 상대에 반응하며 행동하는데, 그 행동이 둔해졌다면 마음이 무뎌졌다는 증거다.

이런 상태가 계속 이어지면 회복이 어려워진다. 일단 생명의 리듬감과 약동감을 되찾는 게 선결 과제다.

얼마 전, 한 TV 프로그램에서 리듬감을 조사하는 코너가 있었다. 캐스터네츠를 두드리게 하고 음악에 맞추는 사람과 못 맞추는 사람을 나누는 실험이다. 음악을 못 맞추는 사람은 자기 멋대로 쳐서 리듬감이 없었다. 음악에 맞춰 적당한 타이밍에 "짝짝짝" 잘 치는 사람은 리듬감이 있다고 할 수 있다.

음악 리듬감의 응용 편으로 일상생활의 리듬감도 있다. 누군가와 얘기할 때 상대에 따라 템포를 조정할 수 있는 사람을 보면 '저 사람과는 기가 맞아'라는 생각이 든다.

나만의 고유한 템포와 리듬을 잘 잡아 다른 사람과 이야기할 때도 일정함을 유지하는 사람은 '이 사람은 이런 사람이야'라고 파악하기 쉬워 상대도 대응하기 쉽다.

그러므로 일단 내 리듬을 의식해보는 것도 리질리언스를 익히는 데 도움이 될 것이다. 똑같이 느껴지는 매일도 미묘한 변화는 일어나므로 어제와 오늘은 똑같지 않다. 상대도 비슷해 보이나 다르다. 한 개인도 하루 안에 기분이 오락가락한다. '어디서 빠지고 어디서 밀고 나갈 것인가?'라는 감각은 상대를 제대로 파악하지 못하면 알 수 없는 일이니까 주위를 살피는 일과 그에 맞춰 자기 리듬을 조정하는 힘을 단련하면 그리 나쁜 운을 끌어당길 일은 없을 것이다.

자연 치유력을 이용한다

내 몸에는 치유 능력이 있다

일본에서는 자연 치유력의 회복을 믿는 사람들이 많다. 인간의 몸에는 치유하는 능력이 있는데, 그 능력을 방해하거나 몸을 막고 있는 응어리를 흘려보내 회복시키자는 것이다.

일단 명치에 두 손끝을 대고 몸을 앞으로 굽히면 명치가 푹 들어가며 "으윽!" 소리가 절로 난다. 그다음에 길게 숨을 내뱉어 나쁜 기운을 토해내는 것이다. 하필 왜 명치냐면 그 부분이 막혀 딱딱해지면 호흡을 비롯해 모든 흐름이 나빠지기 때문이다. 명치에 뭉친 응어리를 배출함으로써 몸의 자연스러운 회복력을 되살릴 수 있다.

잠버릇에 관해서도 흥미로운 이야기가 있다. 잠버릇이 심한 이유는 자는 동안 몸이 응어리와 정체를 풀려고 이리저리 움직여 조정하기 때문이란다. 그러므로 묶인 것처럼 똑바로 자라고 하면 몸을 조정할 수 없어져서 컨디션이 나빠진다. 아이들이 특히 잠버릇이 사나운 이유도 자면서 몸을 움직여 몸을 조정함으로써 낮의 피로를 푼다는 설도 있다.

기본적으로 모두가 운을 가지고 있다

내 몸에는 자연스럽게 나를 치유하는 능력이 있다고 생각하면 감기에 걸려도 꼭 손해는 아니다. 보통 감기에 걸리면 운이 없다고 생각할 텐데 감기는 몸의 신호로 내 몸의 상태를 가다듬는 기회로 받아들일 수 있기 때문이다.

그러므로 감기에 걸려도 운이 나쁘다고 생각하지 않을 수 있다. 감기를 잘 치료한다, 혹은 감기를 잘 거친다고 받아들이면 감기에도 효용이 생긴다.

감기의 효용은 감기에 걸려 쉬면서 더 큰 위험을 피할 수 있다는 점이다. 몸이 발하는 신호가 미약할 때 그 부분을 잡아내 몸을 조정할 수 있다. 아니면 감기에 걸렸다는 사실을 통해 현재 과로 상태임을 알 수 있다. 그리고 감기를 거침으로써 원래 상태로 돌아올 수 있다. 감기를 극복하면 더 강해진다는 이미지라고 해야 할까.

자연 치유력이 원래 내 안에 있음을 깨닫는 게 운을 끌어당기는 비결이다. 자신은 이미 능력을 갖췄고, 그 힘을 방해하는 일을 피하면 된다는 사고방식이다. 운은 이미 갖추고 있고 그걸 막는 게 있다. 따라서 그걸 제거해 다시 회복하면 된다. 그렇게 되면 운은 이미 갖추고 있는 셈이니 정신적으로 상당히 안정된다.

공식 9

우선순위가
높은 것부터 한다

'운'이 나쁜 사람은 낭비가 많다

판단이 빠른 사람과 일하면 큰 도움이 된다. "이 기획은 이렇게 하면 될 겁니다", "이건 아닙니다", "아! 이거라면 당장 할 수 있습니다"처럼 일이 바로 진행된다. 효율적으로 시간을 사용할 수 있어서 아주 기분 좋게 일할 수 있다.

다들 부족한 시간을 짜내 모였는데 리더가 시간을 낭비해도 불평하기 힘들다. 돈을 낭비하면 엄청난 비판이 쏟아지는 데 반해 시간 낭비에는 의외로 관대하다. 그러나 인생은 기본적으로 시간이므로 돈보다 시간이 더 중요하다. 시간 외에는 공통 자원이 없는 인생에서 시간을 효율적으로 쓰지 않는 리더가 있으면 그야말로 시간 도둑이다.

'구속 시간'이라는 용어는 정말 정확한 말이다. 그야말로 사람을 구속하는 짓이다. 그렇다면 구속 시간을 조금이라도 줄이는 사람이 운도 끌어당길 것이다.

예를 들어, 저예산으로 빨리 영화를 찍는 감독이 있다면 점점 일이 많이 들어올 것이다. 다른 사람이라면 한 달이나 두 달씩 걸리는 일을 이 주 만에 "네! 다 찍었습니다"라고 말하고 내용도 일정 수준에 도달해 있다면, 그 사람에게 다시 일을 맡길 것이다. 기회가 척척 올 거라는 얘기다.

이런 사람은 일을 끝냈을 때의 완성된 형태를 또렷이 볼 수 있다. 일 잘하는 사람이 일을 정말 빨리하는 건 목표 지점의 이미지가 보이기 때문이다.

일이 늦고 꾸물대 운이 나쁜 사람은 목표 지점이 보이지 않는다. 완성된 형태를 모르므로 혹시나 해서 이것저것 집적되는데 그 낭비가 엄청난 시간과 에너지의 손실로 이어진다.

성공한 사람이 대체로 판단이 빠른 이유는 모두 목표 지점을 똑바로 보고 있어서다. "여기서는 이게 필요해요. 자, 잘 부탁해요"라며 낭비를 줄이는 것이다.

물론 중요한 결단은 시간을 충분히 들일 필요가 있다. 요컨대 우선순위다. 무엇에 시간을 들이고 들이지 않을지의 기준이 분명하면 운을 내 편으로 만들 수 있다.

낭비를 줄이면 본질이 보인다

'본질 직관'의 사람은 운이 좋다

사람들 중에는 세부 사항까지 중요하게 여기는 완벽주의자라서 성공하는 사람도 있다. 완벽주의자로 성공한 사람은 아주 세부적인 부분까지 신경을 쓰면서 우선순위도 잘 지켜 많은 업무량을 모두 처리하므로 상당히 우수한 사람이다.

보통은 너무 세부적인 부분에 집착하면 시간이 부족해져 마감을 맞출 수 없다. 논문을 제출하는데 너무 치밀하게 조사하다가 마감 기한을 맞추지 못하면 아예 안 쓴 거나 마찬가지다.

그러므로 완벽주의에 집착하기보다 굳이 말하자면 본질을 직관적으로 확 움켜쥐고 단숨에 목적을 향해 달리는 '본질에 직관'적인 사람이 운을 끌어당긴다. 이런 사람은 괜한 일을 하지 않고 포기하는 판단도 빠르다. 불가능한 일에 한없이 매달리지 않으므로 결과적으로 운이 나쁘지 않다. 자신이 가진 능력을 여러모로 연마하려고 노력하나 본질은 잊지 않으려고 한다. 무슨 일을 할 때나 이 작업의 목적이 뭔지 본질을 놓치지 않으려고 주의한다.

지금 하는 일의 본질이 돈을 버는 거라면 이념이나 사명을 생각하는 데 노력을 허비할 필요가 없고, '결국은 돈을 벌려면 무슨 일을 해야 하지?'에 집중하면 된다.

혹은 인간관계를 쌓는 게 목적이라면 최대한 교류하는 시간을 늘려야 한다. 종종 친목회라고 해서 참석했는데 전혀 대화를 나누지 못할 때도 있다. "친목회라더니 이 사람과 인사… 바로 다음 사람과 인사만 했어." 이렇게 인사만 하다가는 전혀 친목을 도모하지 못한다. 이렇게 본말이 전도된 경우도 많다.

지금 하려는 일의 목적이 무엇인가, 그 본질은 무엇인가. '그렇다면 이렇게 하면 좋겠다'라고 유연하게 사고하는 사람에게 운이 향한다.

본질을 잡으려면 낭비를 없애야 한다. 낭비를 없애면 '이건 필요 없어', '이것도 필요 없어'라고 점점 필요 없는 게 사라져 본질이 분명해진다. 운이 좋은 사람은 낭비를 없애고 본질을 파악하기 때문에 판단이 빠르고 실수가 적을 수밖에 없다.

'사유 변경'으로 본질에 다가간다

본질을 잡는 방법으로는 독일의 철학자 에드문트 후설이 제시한 '사유 변경'이라는 방법도 효과적이다. 모든 일에서 '이게 빠지면 본질인가?'라고 상상하는 것이다.

예를 들어, 의자가 있다고 가정하자. '의자의 다리는 보통 네 개인데 다섯 개라면 의자가 아닌가?'라고 생각해본다. 그러면 '다섯 개여도 의자라고 할 수 있구나'라는 사실을 알게 된다.

'그렇다면 의자의 재질로 생각을 돌리면 어떨까? 돌이어도 의자라고 할 수 있겠구나'라고 차례차례 생각하다 보면 차츰 의자의 본질을 깨닫게 된다.

이는 상상의 힘을 이용해 다양한 상황을 생각하며 본질을 알아내는 방법이다. 직관적으로 본질을 찾는 '본질 직관'이 어려운 사람이라도 이 방법은 응용할 수 있다.

　의자의 본질이 재질이 아니라면 천이나 종이로 만들어진 의자도 있을 수 있다는 아이디어가 떠오른다.

　실제로 한 디자이너가 나선 형태의 종이를 이용해 의자를 만들었다. 실물을 본 적 있는데 너무 부드러운 소재라 앉을 수 없어 보이는 이상한 의자였다. 본질을 놓치지 않는다는 부분만 제대로 파악하고 있으면 참신한 무언가를 만들 수 있다.

피카소는 완성에 집착하지 않았다

피카소는 그림을 정말 빨리 그렸다고 한다. 모든 작품은 연습이거나 과정이라는 게 피카소의 사고방식으로 완성에 집착하지 않았다. 그러므로 그림을 재빨리 그려냈다. 그래서 그리는 양이 엄청났다고 한다.

　감각도 뛰어나 야수파와 만나자마자 바로 받아들였다. 입체파의 싹을 발견하고는 브라크와 손을 잡고 작품을 연달아 발표했다. 피카소의 작품인지 브라크의 작품인지 구분이 어려운 시기도 있었다. 그 시기를 지나 그는 다시 새로운 걸 받아들였다.

　"브라크의 작품은 이거야!"라고 할 만한 요소가 있는데 피카소의 작품은 "어떤 시기지?"라고 한정해야만 한다. 청색 시대인지 입체파 시대인지에 따라 화풍이 완전히 달라진다.

피카소의 흡수력이 얼마나 엄청났냐면 주목받는 화가가 나타나면 그 사람의 그림을 오랫동안 바라보며 모든 걸 흡수했다고 한다. 그 화가의 본질을 잡아내고 미래까지 찾아내 그보다 나은 기법을 도입해 발전시켰다. 그에게서 두려움조차 느꼈을 정도였다.

'그 작품이 3년 혹은 5년이 흘렀을 때 어떤 작품이 될지를 간파하고 결과부터 동기로 역산해 해부하고 앞으로의 가능성을 찾아낸다. 그 작가의 미래까지 훔쳐버리는 사람이다. 그 화가가 아무리 노력해도 피카소는 이미 다음 날 그림을 완성하는 놀라운 사람이다.'

_ **몽파르나스 화가의 이면**

피카소는 과정을 중요시하고 완성에 집착하지 않아서 깊은 인상을 받으면 그 타이밍을 놓치지 않고 그리는 게 특징이었다. 스페인 전쟁이 일어났을 때도 게르니카라는 도시가 폭격당하자 그 충격을 그대로 캔버스에 옮겼다.

'게르니카'라는 작품을 보면 정말 다 완성된 그림이 맞는지 모를 정도다. 그림 속에 이 사람이 없어도 완성이라고 할 수 있고, 다른 한 사람이 있어도 괜찮을 듯해 보인다. 그러나 '완성한다'라는 완벽주의적인 관점이 아니라 '지금 이때'를 소중히 여기는 태도가 있었기에 충격적인 '게르니카'라는 작품이 탄생할 수 있었던 것이다.

이는 사소한 데 집착하기보다 본질에서 벗어나지 않으려는 것이다. '전쟁의 본질은 무엇인가?'라는 점을 찾아내 표현했기 때문에 세상 사람들의 인상에 깊이 남았다. '게르니카'는 평범하게 그린 작품과 비교하면 여백도 많아 만화처럼 보일 정도다.

그러나 이 작품은 전쟁의 본질인 비참함을 호소한다. 전투 장면을 생생하게 그린 작품보다 훨씬 더 강렬하게 비참함이 전해진다.

무엇을 표현하고 싶은지로 그림의 가치를 결정한다

모네로 대표되는 인상파는 우리가 보는 빛(인상)을 본질로 보고 그림으로 표현했다. 유명한 모네의 '수련'은 빛을 받아 흔들리는 수련의 본질을 멋지게 표현했다.

이처럼 그림은 화가가 찾아낸 본질을 표현한다는 관점에서 보면 이해하기 쉽다. 예를 들어, '모나리자'는 기품 있는 여성의 우아한 본질을 그리고 있다. 이렇게 그 본질이 우리 마음에 닿는 게 명화다.

세부적인 부분까지 사진처럼 극명하게 그리거나 기술적으로 완벽하게 그려도 마음에 남지 않는 그림이 있다. 그저 전체를 평등하게 그렸을 뿐 찾아낼 본질이 없기 때문일 것이다.

고흐의 그림은 본질이 잘 드러난 대표적인 사례다. 고흐가 그린 소용돌이 치는 듯한 별이 뜬 밤하늘을 봤을 때 우리 마음이 흔들리는 이유는 그의 그림 속에 본질을 찾아냈기 때문이다.

그렇게 생각하면 그림이란 잘 그리고 못 그리고의 차원에서 결정되는 게 아니라 무엇을 표현하고 싶은지의 모티프로 결정된다는 걸 알 수 있다. 물론 그걸 표현하려면 데생 능력이 필요하고 저명한 화가일수록 정말 열심히 데생을 연습한다.

피카소도 마찬가지여서 그는 일찌감치 뛰어난 데생 능력을 갖췄다. 그래서 피카소의 십 대 때 그림을 보면 데생 실력이 뛰어나다는 걸 알 수 있다. 그다음에는 그걸 뛰어넘어 자신의 직관과 알아낸 본질을 형태로 구현할 수 있는 실력을 갖추었기 때문에 감각에 집중할 수 있는 것이다.

에너지 배분에 주의한다

본질을 잘못 파악하는 사람은 에너지 배분도 잘 못한다. 우선순위 1에서 3번까지가 있다면 1번, 2번, 3번에 삼 분의 일씩 배분하고 만다. 하지만 본질에 더 가까운 것, 즉 우선순위 1번에 80퍼센트 힘을 써야 한다. 그걸 다 하고 난 다음에 우선순위 2번과 3번을 해야 균형이 맞는다.

그런데 본질을 제대로 파악하지 못하는 사람은 졸업논문처럼 간단한 일에서도 배분을 잘 못해 제출 마감을 맞추지 못하고, 유급하는 엄청난 실수를 저지른다. 졸업논문에서 제일 중요한 점은 '기일에 맞춰 제출'하는 것이지 내용이 최고여야 하는 건 아니다. 정말 좋은 논문을 쓰려고 끝까지 내용을 고치다가 프린터가 고장 나는 바람에 마감을 못 지켜 유급하는 바보 같은 일이 벌어지기도 한다.

우선순위로 보면 일단 80퍼센트가 완성되었을 때 프린트해 '제출만 하면 학점을 딸 수 있는' 상태를 만든 다음 나머지 작업을 해야 한다.

사람에게 메시지를 전할 때도 80퍼센트 정도만 핵심을 전했다면 일단 합격이다. 핵심을 먼저 말하고 그걸 세 번 반복해 전달한다면 그만큼 실수가 적을 것이다.

공식 10

'누구를 따를 것인가'가
중요하다

'이기는 말'에 올라타라

자유로운 스승 밑에서 훌륭한 제자가 성장한다

인간 세상에서 '누구를 따를 것인가'는 아주 중요하다. 사실은 이게 전부일 때도 있다. 과거 전국시대 무장들은 누구 밑에 들어갈지, 누구와 동맹을 맺을지로 거의 운명이 결정되었다.

'이기는 말에 올라타라'라는 말이 있는데 자신이 따른 무장이 망하면 아무리 내가 노력해도 이길 방법이 없다. 이기는 스승 밑에 들어간다, 잘 나가는 감독을 찾아간다, 이기는 무장에게 가면 운이 따른다는 것이다.

좋은 일과 나쁜 일은 평등하게 일어난다

강한 운을 지녔어도 파란만장한 인생을 보낸 사람들이 많다. 사람에게는 좋은 일과 나쁜 일이 대체로 평등하게 일어난다고 한다. 다른 사람의 눈에는 멋지고 행복하게 살아 운이 좋아 보이는 사람도 가까이 들여다 보면 저마다 안 좋은 점을 안고 산다. 마이너스가 적은 사람은 플러스도 적은 것처럼 큰 행복을 손에 넣은 사람은 큰 불행도 경험한다.

우리는 다른 사람의 운 좋은 부분만 보고 부러워한다. 그러나 그들도 실제로는 눈에 보이지 않는 데서 이런저런 일로 고민하며 살고 있다.

이는 '세상만사 새옹지마'와 비슷한데 그런 관점으로 사람을 보면 100전 100승의 인생과 100전 100패의 인생이 있는 듯 보이지만 실은 의외로 50승 50패이거나 의외로 질 때가 더 많음을 알 수 있다.

이기는 사람은 비결을 알고 있다

이기기만 하는 것처럼 보이는 사람은 이기는 비결을 알고 있다. 비결만 파악하면 그야말로 운이 좋아질 것이다.

예컨대 한 야구 선수가 경쟁이 격렬한 메이저리그에서 계속 살아남았다고 해서 그를 '운이 좋다'라고 말하는 사람은 없다. 그만큼 그의 재능과 노력과 성실함으로 그곳까지 간 것이니까. 이는 '운의 좋음'이 아니라 어떤 시기라도 운에 좌우되지 않는 안정된 실력을 기르는 방법이다. 인생은 좋을 때도 나쁠 때도 있다. 상황에 흔들리지 않는 비결을 배우면 안정적으로 살 수 있다.

운이 좋다고 여겨지는 사람 가운데서도 안정된 실력으로 운의 영향을 받지 않도록 하는 타입과 어느 정도 운을 믿고 활용하려는 타입이 있다.

'실력주의'와 '운주의'라고 할 수 있다. 둘은 언뜻 보면 정반대처럼 보이나 하는 일에는 그리 큰 차이가 없다. '실력주의'의 사람이 계속 노력하며 할 일을 완벽하게 하는 건 당연한 일이고, '운주의'의 사람이라 해도 단순히 운만 믿는 것이 아니라 실제로는 의외로 꼼꼼하게 일한다. 신이나 부처에 기도하더라도 할 일은 다 하고 노력도 하는 사람이 결국 성공한다.

초보자의 행운을 유지한다

할 일을 제대로 하지도 않았는데 어쩌다 일이 잘될 때가 있다. 이른바 초보자의 행운 Beginner's Luck 이다. 왜 이런 행운이 일어날까. 좋은 결과를 바라지 않는 초보자는 어깨에 힘이 들어가지 않아서 오히려 결과가 좋아진다. 하지만 초보자의 행운이므로 초보자를 넘어서면 행운도 끝이 난다. 오래 지속되지 않는 게 바로 초보자의 행운의 특징이다.

그러나 초보자가 아닌데도 초보자의 행운처럼 행운이 유지되는 사람이 있다. 이는 초보자처럼 언제나 과제에 새롭게 도전해 즐기기 때문이다.

예를 들어, 골프를 치면서 새로운 볼을 초보자처럼 즐기는 사람이 있다. 어려운 코스를 '아, 정말 어렵네'라고 생각하는 게 아니라 '어려운 코스라면 재미있을 것 같아'라고 처음 하는 사람처럼 즐거워하는 것이다. 또는 시험에서 어려운 문제가 나오면 '어렵네'라고 생각하는 게 아니라 '좀처럼 풀기 어려울 것 같아. 재미있겠는데?'라고 생각하는 사람이다.

일본의 통산 타이틀 획득 1위의 장기 기사 하부 요시하루 명인도 초보자처럼 늘 장기판을 새로운 마음으로 마주한다. 하부는 지금도 새로운 발견이 있어서 장기가 즐겁다고 한다. 하부의 목표는 승리를 떠나 '아름다운 기보'를 남기는 것이다. 따라서 자신이 이겨도 상대가 실수하면 따분한 표정을 짓는다. "하부는 이겨도 따분한 표정을 지을 정도니 패배는 견디지 못한다"라는 말도 있을 정도다.

'아름다운 기보'는 상대와 함께 만드는 작품이다. 상대도 온 힘을 기울여 실수하지 않고 나도 실수하지 않는다. 그게 아름다운 기보다. 실수가 없고 새로운 수가 나올 때도 있는데 하부는 그 미학에 집착하는 것이다.

또 하부는 "얼마나 아름다운지가 집중력의 길이와 이어진다"

라고 했다. 그러므로 금전적인 대가 없이 장기에 몰두할 수 있는 아마추어들이 더 멋지다고 칭찬했다. 그는 "사람은 두 종류라고 생각한다. 불리한 상황을 기뻐하는 사람과 기뻐하지 않는 사람이다"라며 즐기는 마음이 있으면 운은 따라온다고 말했다.

즐겁다고 느끼는 이유는 감각을 중요시하기 때문이다. '아름다운 기보'를 목표로 지금, 지금 놓는 한 수를 즐기는 파릇파릇한 감각이 운을 끌어당긴다.

팀을 이루면 '운'이 좋아진다

팀을 이루어 인생을 '축제'로 만들자

요즘은 팀으로 일하거나 작업할 기회가 많은데 팀을 이룰 때 운이 더 잘 따른다. 게다가 만에 하나 결과가 좋지 않더라도 '즐거웠다'라는 마음은 공유할 수 있다.

TV 프로그램에서는 갑자기 방송이 중단될 때가 종종 있다. 물론 안타깝고 그럴 때의 회식은 어두운 분위기 속에서도 꽤 시끌벅적해진다. 몇 개월 동안 고생한 동지들이 모였으므로 중단 자체는 운이 나쁜 일이지만 "아이고, 정말 재미있었어!", "하고 싶은 일을 했어"라는 성취감도 있다.

이 자리를 마지막으로 다 흩어질 테지만 한 경기, 한 경기 전력을 다한 감각을 공유할 수 있었던 경험은 운이 좋았다고 생각한다. 또 함께 일하게 되면 '잘 부탁한다'라는 시원섭섭함을 남기고 헤어질 수 있다.

고생을 함께 한다는 건 아주 소중한 일이므로 팀으로 연마하고 함께 격려하면 혼자 할 때보다 운도 경험도 연마된다. 테니스도 단식보다는 복식일 때 운을 느낀다. 흐름이 왔을 때 복식이면 그 흐름이 두 배가 되는 느낌이다.

그러므로 운을 개인적으로 생각할 게 아니라 팀으로 찾는 게 운을 쉽게 부를 수 있다. 개인적인 성공을 노리지 않고 이타적으로 팀의 성공을 목표로 해 다 같이 기뻐하며 사는 방식이 결속감을 느끼게 해 운을 부르는 듯하다.

결과가 어떻든 팀을 이루는 자체가 '축제'라고 할 수 있다. 나는 '만남의 자리를 축제로'라는 표어를 제시한다. 팀을 이루는 것만으로 축제라고 생각하면 그것만으로도 운이 좋은 것이다.

리더는 공평하게 평가해야 한다

팀을 만들 때의 비결이 있다. 팀의 리더가 공평하게 평가하고 미래 비전을 제대로 제시해야 하는 것이다. 또 기본적으로 '승자의 정신력'을 지닌 사람이 리더를 맡아야 한다.

리더로부터 "이렇게 하면 괜찮을 거야", "틀림없이 될 거야"라는 말을 들으면 왠지 될 것 같다. 리더가 그런 정신력을 지니고 있으면 주위 사람까지 운이 좋아지는 듯하다. '이 사람이 있으면 팀의 운이 좋아지네'라고 평가되는 사람이 되는 게 리더가 목표로 할 정신력이다.

스포츠 선수들은 긍정적인 정신력을 단련해 위기에 몰렸을 때도 '할 수 있어! 할 수 있어!'라고 분위기를 바로 바꾼다. 스포츠를 해본 적 없는 사람이라도 개인적으로 애를 쓸 게 아니라 팀의 일원으로, 혹은 리더로 팀 전체를 이끌어가는 모습을 그리며 승부 운을 끌어당긴다고 생각하면 운을 잡는 방법이 잘 보일지 모른다.

4장 정리

운을 끌어당기려면

- 기본 원리를 가진다.
- 리질리언스를 익힌다.
- 우선순위가 높은 것부터 한다.
- 누구를 따를 것인지가 중요하다.

5장

어떻게 하면 '운'에 휘둘리지 않는가

이 장에서는 운을 조절하는 방법을 설명하고자 한다. 운이라는 정체 모를 존재를 두려워하거나 그것에 휘둘리는 인생은 운이 좋다고 할 수 없을 것이다. 운에 올라타 운을 내 편으로 만들 수 있다.

공식 11

'자존심'을
소중히 여긴다

존재 자체를 존중한다

자존심은 상처받기 쉬운 것

앞 장에서 '리질리언스'를 다뤘는데 회복탄력성을 이미 갖추고 있으므로 그것을 방해하는 걸 제거하면 된다는 사고방식에 근거한다면 자존심을 대하는 방식도 조금 달라진다.

자존심이라면 보통은 자기 능력과 성과에 대한 자긍심이라는 의미로 받아들인다. 예를 들어, '나는 이런 대학을 나왔는데 이렇게 출세하지 못하다니' 혹은 '주위가 나를 제대로 평가해 주지 않는다'라고 생각하는 자존심 말이다.

물론 이것도 자존심의 일부이기는 하나 그런 자존심은 상처받기 쉽고 아주 다루기 까다로운 존재다.

내가 근무하는 메이지대학의 졸업생은 최근 기업에서 평판이 좋은 편인데 그것은 괜한 자존심을 부리지 않기 때문이다. "일류 대학을 나온 내가 왜 이런 일을 해야 하나?"라는 한심한 소리는 하지 않는다. 이상한 자존심에 매달리는 대신 목표를 향해 계속 도전한다. 그런 사람에게는 또 다른 기회가 찾아와 노하우를 축적해 더 많은 경력을 쌓을 수 있다.

나는 유일무이한 존재다

여기서는 나라는 존재 자체를 존중하는 자존심을 얘기하려고 한다. '무엇을 할 수 있나?', '어떤 힘이 있나?'가 아니라 자신이 '유일무이한 독특한 존재임'을 스스로 인정하는 것이다.

유일무이한 존재라고 해서 내가 특별하다거나 무한한 가능성을 지녔다는 의미는 아니다. 현실에서 모든 사람이 다 특별하면 '특별'이라는 단어 자체가 무의미해질 테니까.

내 존재를 스스로 존중하자는 이야기다. 우리 집에는 파피용이라는 작은 개가 있다. 이 개는 우리 가족에게는 없어서는 안 될 존재다. "이 아이 대신 다른 개를 길러 봐요"라고 해도 "아뇨, 절대 그럴 수 없어요"라고 대답한다.

우리 개가 특별히 머리가 좋다는 뜻은 아니다. 우리 가족에게 이 개는 유일무이한, 다른 무엇과도 바꿀 수 없는 소중한 존재기 때문이다.

가족의 인정과 사랑을 받은 개는 자기긍정감 속에 자란다. '나는 굉장한 존재야', '나는 이 집에서 상당한 지위에 있어'라고 생각하므로 손님이 왔을 때 "우리 집에 잘 오셨어요. 어서 오세요"라며 자신 있게 환영한다.

만약 늘 혼나기만 하고 학대를 당한 개라면 누구와도 교류하지 않는 개가 될 것이다. 개는 매우 솔직하므로 학대당한 개는 사람과 교류하려고 하지 않는다. "깨갱!" 하며 겁을 집어먹을 뿐이다.

그런 개도 좋은 사람의 보호 아래 사랑받으면 점점 자신감을 되찾는다. 사람들에게 애교를 부릴 정도로 이전 상태로 돌아갈 회복탄력성이 있다.

요가의 사고방식으로 내면의 생명력을 회복시킨다

회복탄련성이나 내면의 생명력은 누구나 가지고 있다. 그런데 다양한 이유로 방해를 받으니 원래 상태를 회복하려는 게 요가의 사고방식이다.

요가의 사고방식은 몸이 가진 치유력을 활용해 몸의 응어리를 없애는 것이다. 천천히 호흡하면서 몸의 여기저기를 조정하는 게 기본이다. 요가라고 하면 곡예 같은 자세를 연상하는 사람이 있을 것이다. '시체 자세'는 정말 대자로 뻗어 누워있는 게 전부인데 이 자세만 연습해도 상당히 몸이 회복된다.

지인 중에 요가를 좋아하는 사람이 있다. 그 사람은 시체 자세를 좋아해 자주 한다. 정말 죽은 사람처럼 대자로 누워 천장을 바라본다. '시체'라고 하면 기분이 이상할 수도 있는데 인도가 원류인 요가에서 죽음은 오히려 이 세상의 번잡스러운 마음의 번뇌를 가라앉힐 수 있는 상태를 뜻한다. 죽었으므로 모든 생각을 멈출 수 있어 머리의 피로를 막을 수 있다.

또 시체가 되면 몸의 긴장이라는 의미 자체가 사라진다. 위협받거나 '아, 뭔가 온다!'라고 예측하기 때문에 몸이 긴장하는데, 시체가 되면 모든 게 다 상관없어지므로 심신의 긴장을 풀 수 있다.

나 역시 시체 자세를 해봤는데 이 세상의 스위치를 잠시 끄는 느낌이 들었다. 그때까지 정신없이 회전해 타버리기 직전인 모터가 회전을 멈춰 열이 점차 떨어지는 듯했다.

잠깐씩 죽는 체험을 한다

수면은 전속력으로 도는 모터 회전을 일시적으로 중단한다는 의미에서 시체 자세와 비슷한데, 다른 점은 시체 자세는 의식은 깨어 있으나 몸은 죽은 상태다. 의식은 각성해 있으나 몸은 죽어 있으므로 마치 유체이탈처럼 이 세상과 교류하지 않아 마음이 편해진다.

종종 위기 국면에서 '난 죽었어', '죽겠네'라고 말하는데 그럴 때는 일단 똑바로 누워 시체 자세를 해보길 권한다.

"난 죽었어, 죽겠네"라고 말하면서 편안히 살 수는 없다. "죽겠네"라고 해서 정말 죽으면 안 되니까 시체 자세로 잠깐씩 죽어 보면 된다.

자살하는 사람은 품고 있던 걸 한꺼번에 분출해버려서 되돌이킬 수 없게 된다. '사는 게 힘들어', '이 세상을 떠나고 싶어'라는 생각에 쫓길 때 시체 자세를 통해 일단 적극적으로 죽어보면 마음이 조금 편안해진다.

리프레시를 통해 정체를 없앤다

궁지에 몰린 상황을 내던지거나 스스로 해방함으로써 나만의 공간을 만드는 게 요가이자 불교다. 요가를 좋아하는 지인은 시체 자세 외에 물구나무서기를 자주 한다. 머리를 바닥에 대는 물구나무서기로 머리 뒤에서 손깍지를 껴 두 팔로 머리를 받치는 형태다. 목에 부담이 가므로 일반인은 무리해서 시도하면 안 된다.

그녀는 다양한 자세를 실험한 결과 물구나무서기 자세가 제일 몸에 좋다는 결론을 내렸다고 한다. 왜냐하면 몸을 거꾸로 세우면 혈액순환이 완전히 바뀌기 때문이다. 평소 정체되어 있던 흐름이 뒤집히며 단숨에 흘러나오므로 아주 컨디션이 좋아진다고 한다. 처음에는 피가 역류해 눈이 돌아갈 듯하나 익숙해지면 몸이 당연하게 받아들인다.

물구나무서기와 시체 자세는 평소와는 다른 자세를 잡아서 리프레시하는 방법이다. 리프레시해 바로 평상시로 돌아오면 운을 좋게 하는 데도 효과가 있을 것이다.

힘들여 새로운 능력을 익히는 일은 운이라기보다 기술을 습득해 전문적인 기술로 성공하는 것이어서 운이라는 범주를 넘는 경우다. 의과대학에 가서 의학적인 지식을 익혀 의사로 성공해 행복해졌다면 이는 운이라기보다 노력과 성공의 당연한 결과다.

그러나 리프레시해 원상회복하는 방식이라면 애써 새로운 능력을 익히지 않아도 되므로 언제 어디서든 누구나 할 수 있다. '잘 안 풀리네'라고 생각될 때 자신을 리프레시시켜 원래의 잠재력이 나오도록 하라. 무거운 짐을 하나씩 내려놓으면 길이 열릴 가능성이 커진다.

요가처럼 정체를 없애 회복탄력성과 잠재력을 끌어내는 것은 동양의 사고방식이라 쉽게 받아들일 수 있다.

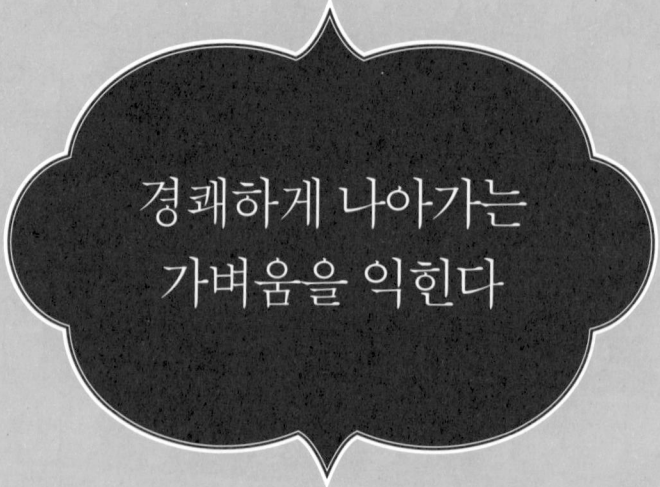

공식 11

경쾌하게 나아가는
가벼움을 익힌다

몸과 기분은 연동한다

미소를 짓고 달리면 빨라진다

운과 기분은 깊이 연결되어 있다. 운이 나쁠 때는 기분도 나쁘다. 기분이 나쁠 때는 괜스레 운 나쁜 일이 일어난다.

기분은 대체로 몸 상태와 하나다. 몸이 개운한데 기분만 나쁠 일은 별로 없듯 양자는 깊이 연동하고 있다. 온천이라는 장소가 특별한 점은 온천에 들어가면 온천의 몸이 되어 온천의 기분이 되기 때문이다.

몸과 관계없는 기분은 없다는 사실, 그리고 이 기분이 운과 이어져 있다는 게 핵심이다. 그러므로 기분과 몸을 살피지 않고 운만 생각해봤자 효력이 약하다.

미소를 짓고 달리면 기록이 빨라진다는 재밌는 실험이 있다. 한 TV 프로그램에서 실험했는데 필사적으로 달렸을 때보다 웃으며 달릴 때가 속도가 더 난다고 한다. 물론 시합 때 긴장이 되는데 실실 웃으며 마음에 여유를 두는 건 어려울 것이다. 그래도 일단 미소를 지으면 조금이라도 긴장이 풀려 능력을 발휘하기 쉬운 상태가 된다.

인간은 위기에 몰리면 얼굴이 굳고 기분도 어두워지고 몸도 긴장해 힘이 나지 않는 악순환에 빠진다. 이러면 위기에서 탈

출할 수 없어져 운도 나빠진다.

누구에게나 안 좋은 바람이 불 때가 있다. 그럴 때 피해를 최소화하기 위해 웃는 연습을 해 두는 게 좋다.

웃는 얼굴에 복이 온다

정말 웃는 얼굴이 복을 부른다고 생각한다. 운 좋은 사람은 대체로 잘 웃는다. 언제나 웃는 태도를 익히는 게 운을 조절하는 방법이다. 이것도 습관의 문제니까 입가를 늘 올리려고 명심하거나 가볍게 점프해 몸의 긴장을 풀기만 해도 달라질 것이다.

나쁜 일이 있어도 '최악이네. 나중에 화제로 삼을 수 있겠어'라며 웃어넘기는 유머 감각이 있으면 좋을 것이다.

참고로 나무젓가락을 얼굴에 수직으로 무는 것과 가로로 무는 것 가운데 가로로 무는 게 미소와 가까워 효과가 좋다. 나무젓가락을 가로로 물면 슬픔이 들어오기 힘들 것 같다.

실험 결과에 따르면 미소만 지어도 뇌 속의 불안을 관장하는 부분의 작동이 약해진다고 한다. 늘 웃으며 몸을 가볍게 해 두면 나쁜 일이 일어나기 어렵다.

붓다의 깨달음과 야심 에너지

현대는 속도의 사회라 이를 따라가려면 가벼운 심신이 가장 중요하다. 하나를 하고 바로 다음으로 넘어간다. 이성에게 차일 때도 마찬가지다. '이제 이성과 사귀는 건 지긋지긋해'라는 생각에 틀어박히면 점점 이성 운이 나빠진다.

'아, 그래. 그런 일도 있지'라는 느낌으로 그냥 다음으로 넘어가면 운은 조절할 수 있다. 그래서 운 좋은 사람의 특징이 과거에 그다지 집착하지 않는다는 점도 납득이 간다. 일어난 일에 집착하지 않는다는 의미에서 붓다의 깨달음과 비슷하다. 다만 운을 조절하자고 생각하면 그에 더해 다소의 에너지가 필요하다.

가만히만 있으면 나쁜 일도 일어나지 않으나 좋은 일도 일어나지 않는다. 평범하고 아무것도 일어나지 않는 일상이 담담하게 이어질 뿐이다. 그래도 좋다. 다만 그런 인생이 좀 지루하게 느껴진다면 좋은 운을 이끄는 엔진으로 야심을 품고 사소한 일에 집착하지 않으며 다음으로 넘어가는 게 좋다.

물때를 읽는 어부의 감각

자신에게 바람이 불 때는 물고기를 재빨리 잡는다. 조류의 흐름과 풍향을 읽는 어부의 감 같은 것이다. '지금이야'라고 생각하면 바로 잡을 수 있는 가벼운 몸이 중요하다.

지금은 변동이 격렬한 시대라 계획대로 일이 진행되지 않는다. 그날의 조류 상태, 풍향에 따라 판단을 바꿔야 한다. '지금 이 사람에게 말했다가 화를 내겠구나'라고 생각하면 바로 말을 거둔다. 반대로 '이 사람에게 이 말을 할 때는 지금밖에 없어'라는 생각이 들면 타이밍을 놓치지 않고 말해야 한다.

시키는 일만 하는 사람에게는 운이 찾아오지 않는다. 어부의 감각이 필요하다. 야성적인 감을 지니고 신속하게 움직이는 사람이 되어야 한다.

공식 13

무기가 될
'규칙'을 갖는다

'운' 좋은 사람에게는 규칙이 있다

목표를 정하고 실험해본다

주위의 운 좋은 사람을 관찰하면 다들 사회 규범을 잘 지키고 유쾌하고 싹싹한 사람이 많다. 그리고 자신의 원칙이라고 할까, 자기만의 규칙을 갖고 있다.

규칙을 가진 사람은 흔들림이 없다. 혼자만의 시간이 필요하다는 규칙이 있는 사람은 다른 사람의 시간도 소중히 여긴다.

다른 사람의 소개는 반드시 거절하지 않는다는 규칙이 있는 사람도 있고, '어떤 사람이라도 만나라'라는 가훈이 있는 집도 있다고 한다. 무사 집안의 가훈에도 신분 차이가 있더라도 손님은 제대로 대접하라는 가르침이 있다.

특히 운 좋은 사람의 기본은 내 규칙을 제대로 갖고 사람과 어울리며 싹싹하게 대하고 사회적인 의무를 제대로 지키는 것이다.

자, 여러분도 규칙 하나를 정하는 거다. '올해는 웃으며 지내자', '올해는 화내지 말자'라고 정하고 시도해보자. 그 결과 최근 일 년 동안 거의 화내지 않았다거나 늘 웃으며 지냈다면 결과적으로 운이 나쁘지 않았던 해다.

일 년이 힘들면 일주일 동안만 해보자. '앞으로 일주일은 어떤 일이 있어도 받아들이자', '다른 사람에게 깊이 관여하지 말고 거리를 유지하며 지내자'라는 규칙을 정하고 하나씩 익혀 보자.

규칙이 세 개에서 네 개로 늘어나면 '늘 안정적이고 오는 볼을 전부 치는 사람'이 될 테니까 평판이 좋아져 대부분의 인생도 편안해진다.

'기분 좋음'과 '웃는 얼굴'로 있으면 틀림이 없다

기본적으로 운 좋은 사람들이 하는 말은 비슷하고 무한한 규칙이 있는 것도 아니다. '아침에 손을 씻고 하느님에게 인사를 올린다', '신이나 부처에게 예배한다'라는 말이 있다. 그래서 컨디션이 좋아진다면 하면 된다. 반대로 '신이나 부처는 절대 믿지 않는다'라는 규칙도 있을 수 있다. 자기만 공감하면 그만이다.

'다른 사람에게 깊이 관여하지 말고 거리를 유지하며 지내자'라는 원칙만 있으면 인간관계로 재난이 일어나기 힘들 테니까 충분하다.

혹은 '정중하게 말하도록 노력한다'라는 규칙을 지키면 갑질이나 성희롱 등에 휘말릴 가능성이 없어진다. 갑질과 성희롱은 대체로 언어 문제가 커서 정중한 말투를 쓰려고 명심하면 필연적으로 위험성도 낮아진다.

자신이 정한 세 가지 정도의 규칙을 가지고 있으면 자신에게 운이 다가올 것이다.

누구에게나 통용되는 규칙으로는 '기분 좋게 있는다'라는 것과 '미소를 짓는다'라는 두 가지인데 이 둘은 틀림없다.

기분 좋음과 웃는 얼굴은 행운의 바람을 불러들이는 듯 운이 좋아지는 느낌이 있다. 모두 운 좋은 사람을 좋아하므로 웃으며 기분 좋게 있는 사람에게는 많은 사람과 기회, 행운이 모이는 게 당연하다.

상상의 세계로 현실을 풍요롭게 한다

나만의 세계를 갖고 밝게 극복한다

《빨강 머리 앤》의 주인공 앤은 원래 유복한 가정에서 태어났는데 사고로 부모를 잃고 보육원에 들어간 '불운'한 아이다. 그러나 자기 현실을 상상으로 바꿔 나간다. 단순한 시골길이나 평범한 호수에 '연인들의 길', '빛나는 호수'라고 이름을 붙여 풍요로운 세계를 만든다.

이처럼 상상력을 키우면 아무리 힘들어도 사는 게 즐거워진다. 현실은 사실 의미 짓기일 뿐이다. 상상으로 즐거운 의미를 부여하면 현실도 두근두근 즐거워진다.

앤은 사실은 불운한 고아 소녀였는데 엄청난 상상력만으로 운이 점점 좋아지고 주위 사람까지 행복하게 만든다. 앤을 입양한 수줍은 아저씨도 완고한 아줌마도 앤의 영향을 받아 웃음을 머금는다.

앤처럼 현실 세계의 윤택한 환경과 관계없이 상상의 세계가 있으면 구원받을 수 있다. 인간에게 상상의 세계는 최종적인 구원일 것이다.

예술이나 문학 세계도 상상의 세계다. 머릿속으로 다른 세계에서 놀 수 있다는 점은 매우 행복한 일이다. 하물며 그게 긍정적인 상상이라면 밝은 캐릭터가 될 테니까 운이 좋아질 것이다.

'트라이 미 Try me'의 정신으로 부딪힌다

무엇보다 호기심이 중요하다. 무슨 일에나 호기심이 있으면 사는 게 즐거워진다. 나만의 세계를 갖고 상상력의 힘으로 밝게 극복하는 지점에 앤의 성공 이야기가 있다. 호기심을 갖고 '이거 해보고 싶어'라고 긍정적으로 나아가는 게 성공의 한 패턴이라고 할 수 있다.

연애도 일종의 호기심 같아서 두려움을 모르고 계속 도전하면 기회가 늘어나 운이 강해진다.

'이 사람, 멋져'라고 마음이 움직인다면 바로 "나 어때?"라고 말을 걸어본다. 내 측근 중에도 '트라이 미'를 키워드로 삼은 사람이 있다. 이렇게 가볍고 밝으면 다소의 불행이나 악운은 다가오지 않을 것 같다.

공식 14

정신 상태를
평온하게 유지한다

행복의 기준을 단순화한다

일단 몸을 따뜻하게 한다

마지막으로 내가 하는 방법을 잠깐 소개하겠다. 나는 운을 좋게 하기 위해서라기보다 컨디션이 중요하다고 생각해서 자주 몸을 따뜻하게 한다. 따뜻한 걸 마시거나 따뜻하게 데운 물통을 직접 몸에 대거나 따뜻한 물로 목욕을 하는 등 여러 방법으로 몸을 따뜻하게 한다.

일단 몸이 따뜻해지면 기분이 좋아진다. 몸이 차가울 때나 졸릴 때 컨디션이 무너진다. 컨디션이 살짝 나빠졌다 싶으면 몸을 따뜻하게 하거나 수면을 보충하면 대체로 좋아진다.

또 행복의 기준을 아주 단순하게 정하면 그것만 충족되면 행복해진다. 나는 미스터리 소설을 좋아해서 웨스트레이크Donald E. Westlake나 로렌 블록Lawrence Block, 이바노비치Yevgeny Ivanovich Zamyatin 등 좋아하는 작가 리스트를 잔뜩 만들어 놓았다. 이들의 신작을 차례차례 읽으면 행복해진다. 그 작가가 수십 권의 책을 쓰고 마음에 드는 시리즈까지 있다면 대만족이다.

R. D. 윙필드R. D. Wingfield의 잭 프로스트 시리즈나 웨스트레이크의 도트문더 시리즈처럼 시리즈물이 되면 다 읽을 수 없을 정도로 많은 작품이 생긴다. 헌책방을 돌아다니며 그 책들을

다 갖춰 놓으면 왠지 마음이 안정된다. 이것만 있으면 평생 잘 지낼 수 있다는 생각이 드니까.

아주 낮은 기준을 설정해 놓으면 일이 안 풀려도 '이걸 읽을 자유만큼은 빼앗기지 않아!'라고 생각하면 되므로 마음이 풍요로워진다.

영화를 좋아하는 사람들은 평생 걸려도 다 못 볼 정도로 영화가 많을 테니 영화만 있으면 다른 건 아무것도 필요 없다고 할 것이다. 나는 책만 있으면 일단 다른 건 필요하지 않다.

현대는 '이것만 있으면 일단 기분이 좋아진다는 것'을 쉽게 구할 수 있는 시대다. 그러므로 내 마음에 드는 것과 취향을 파고들어 편애하는 것을 만들어 보자.

신경안정제가 될 존재를 갖는다

내가 있는 세계와는 전혀 다른 세상이 펼쳐지는 소설이 있다. 게다가 그런 소설을 시리즈로 여러 권 읽으면 이 세계와는 전혀 관계없는 세계가 시리즈에서 이어지므로 또 다른 현실 세계가 나타나 그곳으로 도피하면 마음이 정리되기도 한다.

독서는 오락일 뿐이지만 나를 차분하게 만들어주는 정신의 항구 같은 존재다. 독서 시간을 매일 갖는데 책이란 내게 그 시간만 있으면 일단 안심하게 되는 신경안정제다. 일종의 스누

피에 등장하는 '라이너스의 담요' 같은 것이다.

참고로 메트라이프 아리코(미국 최대 생명보험 회사 메트라이프의 일본 법인-옮긴이주)라는 보험회사는 스누피 시리즈를 캐릭터로 만들고 있는데 '라이너스의 파란색 담요는 신경안정제다. 우리 회사도 파란색 담요가 되겠다'라는 기업 목표 때문이라고 한다. 그래서 기업 상징색도 파란색이다.

라이너스의 담요처럼 정신을 안정시켜주는 존재를 일상적으로 가지고 있으면 항상 그곳으로 돌아와 정신 상태를 일정하게 유지할 수 있다. 부정적인 마음이 들거나 너무 흥분했을 때 평상시로 되돌릴 방법이 있다면 운에 휘둘릴 일은 없다.

운을 잘 조절하는 핵심은 지나치게 흥분하지 않는 것, 정신적으로 궁지에 내몰리지 않는 것, 아무 일도 없는 평상시의 일정한 상태를 늘 유지하는 것이다. 나는 시리즈물을 읽거나 몸을 따뜻하게 하거나 사우나에 들어가 땀을 흘리거나 수영장에서 잠수하는 등 마음을 일정하게 유지하게 만드는 여러 가지 방법을 가지고 있다.

일정하다는 말은 그야말로 자연스러운 중립 상태를 말하는데 나는 그렇게 만드는 계기를 의식적으로 만들고자 노력한다.

판단력을 명확하게 유지하려면

의식을 일정하게 유지하면 판단력이 둔해지지 않는다는 효과가 있다. 운 좋은 사람을 단적으로 표현하면 판단에 실수가 없는, 즉 판단력이 좋은 사람일 것이다. 판단을 잘해서 좋은 인생을 사는 것이다.

누구와 결혼할지, 어떤 일을 시작할지, 지금 이 일을 계속할지, 오늘 파티에 갈지 등 다양한 일을 판단하고 잘 해내는 게 운이 좋다는 것이다.

나는 피곤하거나 판단력이 흐릴 때 중대한 결정을 내려 큰일을 당한 적이 몇 번 있다. 그래서 중요한 판단을 내릴 때는 자신의 의식을 일정한 상태로 유지해 판단력이 흐려지지 않도록 한다.

판단력이 흐려지면 좋은 운을 잡지 못한다는 사실을 꼭 명심하자.

공식 15

행운의 상자에 의존하지 않는다

･･･

'운'이 좋아지는 상품은 없다

어떤 상품으로 기분이 좋아진다면 그걸로도 충분하다

마지막으로 꼭 언급하고 싶은 점이 이른바 개운(開運) 상품이다. '이걸 가지고 있으면 운이 좋아집니다' 혹은 '이걸 사면 운이 올 겁니다'라는 것들 말이다. 성공한 사람 가운데 "이게 있어서"라고 말하는 사람도 있는데 그 사람의 운을 연 것은 가지고 있는 물건이 아니라 방법이 좋았기 때문이다.

'장지갑을 들고 다니면 돈이 들어온다'라는 말을 자주 듣는다. 그런데 나는 양복도 자주 안 입는 처지라 장지갑을 도대체 어디에 넣어야 할지 몰라 결국은 반지갑만 가지고 다닌다. '빳빳한 지폐를 써라'라는 말도 있는데 늘 돈을 접어 보관하므로 그것도 영 와닿지 않는다.

다만 돈이 너무 없을 때는 장지갑을 들어서 마음이 좀 안정되고 기분이 좋아지면 그것도 괜찮다고 생각한다.

"당신 행운의 색깔은 오렌지색이에요"라는 이야기를 듣고 오렌지색 물건을 지니고 다녔더니 기분이 좋아진다면 그걸로 충분하다. 다만 그걸로만 현실 세계가 바뀌는 일은 없다. 바뀐다면 '이걸 가지고 있으니까 내게 행운이 올 거야'라는 자신감이 생겨 운을 받기 위한 현실적인 노력을 해서다. 그저 물건에만 의지하면 그 심리를 돈벌이로 이용하는 사람들의 좋은 먹 잇감이 될 뿐이다.

탈 마술화의 역사에 역행하지 말자

종교 단체 등에서도 "당신에게는 악령이 붙어있어요. 그것을 털어내지 않으면 불운이 이어집니다"라는 소리로 인간의 나약한 마음을 건드려 엄청난 돈을 뜯어내는 악질적인 사람들도 있다. 이른바 '액운'이나 '악령', '지박령' 등과 같은 사고방식을 이용하는 상술이다.

운을 신경 쓰는 사람 가운데 그쪽에 빠지는 사람이 많은데 현대 사회에 살면서 다시 중세로 돌아가서는 안 된다. 인류가 걸어온 역사, 특히 근대 과학의 역사는 탈 마술화의 과정이다. 마술적으로 세계를 해석하던 과거에서 벗어나 현재 세상은 마술이 아님을 증명해 온 역사다. 천둥과 돌풍도 초현실적인 현상이 아니라 과학적인 기상 현상이다.

일본에서도 헤이안 시대 때는 '가타타가에'라고 해서 그날의 나쁜 방향으로는 가지 않는 관습이 있었다. 어떤 목적지를 향해 갈 때도 일부러 방향을 바꿔 돌아서 다녔고, 당대 정치가였다가 좌천되어 죽은 귀신이 복수한다는 소문에 그 재앙이 두려워 정말 진지하게 신사를 짓기도 했다. 이런 근거 없는 비과학적인 사실을 너무 믿게 되면 사회 발전이 늦어지는 원인이 되기도 한다.

긍정적인 것만 믿으면 된다

착각의 힘이 운을 좌우할 때가 있다

한편 인간은 원시적인 신성을 믿는 부분도 있다. 파푸아뉴기니 사회를 연구하는 선생님이 TV 프로그램에 출연해 흥미로운 이야기를 한 적이 있었다. 그분이 연구차 파푸아뉴기니의 한 마을을 방문했을 때 선물로 소금을 가져갔는데 수가 모자라 한 집만 주지 못했다고 한다.

그런데 그는 소금을 못 받은 사람이 자신에게 저주를 걸어 몸이 안 좋아졌다고 말했다. 냉정하게 생각하면 저주로 몸 상태가 안 좋아질 리 없다. 진심으로 주술을 믿는 사회 안에 있으면 우리도 영향을 받게 된다는 사실이 흥미로웠다. 어쩌면 다른 사람의 원망을 스스로 느껴 상태가 나빠졌을지도 모른다.

현재 초능력 연구에서는 사람의 생각이 텔레파시처럼 전해진다는 게 증명되고 있다. 그렇다면 생각하기나 착각하는 힘이 자신에게 힘을 주거나 반대로 아프게 만들 가능성도 있다.

자신에게 뭔가가 붙어 기운이 없어졌다는 생각이 든다면 부적을 쓰는 행위도 무의미하지는 않다.

내가 빌린 방에서 이전 주민이 불행한 사고를 당했다면 괜스레 불안해진다. 그럴 때는 액풀이를 제대로 하면 일단 안심이 된다. 나도 예전에 중고 물건을 살 때 안심하려고 액풀이를 하기도 했다. 집에 종이 가루 같은 게 막 날아다녀서 아주 재미있었는데 일단 하고 나니 '아, 이제 이걸로 됐어'라는 기분이 들어 안심이 되었다.

나처럼 매우 합리적인 사고방식을 지닌 사람인데도 액풀이로 마음이 후련해질 것 같으면 해버리자고 생각한다.

새해 첫날, 운 점으로 흉을 뽑다

나는 기본적으로 제비뽑기나 점 등 비과학적인 것을 믿지 않는다. 20대 때 한 번 제비뽑기 점을 쳤다가 흉이 나온 적 있었다. "새해 첫날부터 흉이 나오다니 제비를 넣은 사람도 참 너무하네! 너무 바보 같아!"라고 말했다. 그해 안 좋은 일이 많이 생기고 인생이 좀처럼 나아지지 않아서 그 뒤로 제비뽑기 점은 절대 안 보기로 했다.

물론 제비뽑기와 내게 일어난 일은 전혀 관계가 없다. 그러나 흉을 뽑으면 기분이 나빠지므로 절대 안 하기로 한 것이다.

반면 점을 봤는데 아주 좋은 이야기를 들으면 믿고 싶어진다. 부정적인 말은 안 믿고 긍정적인 말은 믿는다.

초등학교 때 손금을 본 적 있다. 내 손금은 가로로 짙은 금이 가 있어서 이른바 '천하를 잡는 손금'이라고 했다. 너무나 기분이 좋았다. 게다가 양손이 똑같아서 어릴 때부터 '천하를 잡지 않을까?'라고 생각하며 살았다. 이후 천하를 잡지 못하는 시기가 하염없이 이어져 서른이 넘어서도 무직이었다. 천하를 잡는다는 손금대로 전혀 살지 못한 셈이다.

어느 날, 한 피아니스트와 대담을 하다가 그녀가 내 손을 보더니 "어머, 사이토 씨. 천하의 손금을 가지셨네요. 저도 그런데"라며 자신의 손을 보여줬다.

그녀는 실력에 비해 불운한 시기가 길었던 사람이었다. 처음부터 자신에게는 재능이 있음을 알았다고 하는데 잘 풀리지 않았다. 그녀가 세상의 인정을 받은 시기는 아주 오랜 뒤였다.

이후에도 여러 번 나의 손금에 대해 '천하의 손금을 가졌네요!'라는 말을 종종 들었다. 점을 깊이 믿지는 않는데 '내게 운이 있다'라고 여겨질 기회는 부정하지 않기로 했다.

실소만으로 주위를 채운다

점 같은 데서 아무리 운 좋은 사람이라고 해도 불운이 없지는 않다. 그러나 운이 좋다는 얘기를 믿고 '언젠가 내게 운이 올지도 몰라'라고 생각하기만 해도 힘이 난다면 그걸로 충분하다.

내게 좋은 점이나 예언은 믿고 나쁜 말은 무시하면 된다. 적당한 거리감을 두고 접하는 것이다. 예컨대 찻잎이 서면 '오늘은 운이 좋겠네'라고 생각하고, 찻잎이 서지 않아도 오늘의 불운은 믿지 않도록 하는 것이다.

그런 의미에서 '좋은 조짐' 즉, 길조만 보고 불길한 조짐은 생각하지 않는 게 좋다. '검은 고양이가 눈앞을 가로지르면 불길한 조짐'이라고 생각하지 말고 '검은 고양이를 발견하면 오늘은 좋은 일이 있을 거야'라고 생각하며 여기저기서 길조를 발견하는 삶의 방식을 가지면 인생이 밝아진다.

이상한 일이 일어나도 '이건 길조야'라고 생각하면 전체적으로 운이 좋아지고, 좋은 인생을 살았다고 생각하며 죽을 수 있다.

찻잎이나 검은 고양이가 행운의 조짐인지 불길한 조짐인지는 증명할 수 없으니 모두 길조로 보고, 내 주위를 길조로만 가득 채우면 엄청나게 비싼 개운 상품을 사지 않아도 될 것이다. 적어도 불길한 조짐을 믿는 사람보다는 훨씬 즐겁고 밝은 인생을 지낼 게 확실하다.

5장 정리

운에 휘둘릴 필요가 없다!

- 자존심을 소중히 여긴다.
- 가볍게 나아가는 가벼움을 읽힌다.
- 무기가 될 규칙을 갖는다.
- 정신 상태를 일정하게 유지한다.
- 개운 상품에 의존하지 않는다.

맺음말
운을 끌어당겨
일류로 가는 길

내 강의를 듣는 학생 중에 조금 문제가 있는 학생이 있었다. 무슨 말만 하면 바로 마음이 흔들리는 학생이라 정신적으로 좀 더 안정시킬 필요가 있다고 생각해 처음에는 여러모로 주의를 줬다. 그래도 좀처럼 개선되지 않자 그때부터는 칭찬으로 방침을 바꿨다.

그러자 그는 순식간에 밝아지더니 사람들 앞에서 적극적으로 발표도 했다. 그 점을 칭찬하니 더 자신감이 붙는 선순환이 일어나 아르바이트하는 곳에서도 아주 좋은 평가를 받았다고 했다. 최종적으로는 무사히 취직하는 해피엔딩을 맞이했다.

내 수업은 운을 좋게 만드는 강의는 아닌데 선순환으로 들어가는 비결은 알려줄 수 있다. 예를 들어, '밝은 게 중요하다', '점프해 긴장을 풀고 미소를 지어라', '상대의 요구에 응하자'

와 같은 얘기를 하나하나 들려준다.

그중에서도 제일 애쓰는 게 '칭찬'이다. "칭찬해라. 칭찬하고 칭찬하면 일단 너희들 인생은 무사하다"라고 가르친다. 평소 작은 단점이 있었던 학생도 내 칭찬을 받고 자신도 다른 사람을 칭찬하게 되면 칭찬의 계승이 선순환을 낳아 운이 돌고 돈다.

나는 '칭찬하는 문에는 복이 온다'라는 표어를 만들었다. 그야말로 '칭찬하는 사람을 이길 방법이 없다'라는 뜻이다. 칭찬은 자신을 위한 거라는 사고방식에는 틀림이 없다.

운 나쁜 사람은 이득을 얻고자 유리한 위치에 서려고 늘 대결한다. 칭찬한다고 해서 손해 볼 일도 없는데 좀처럼 칭찬하려 하지 않는다. 칭찬하면 손해라고 생각할지도 모른다.

세상은 그토록 자기중심적으로 원하기만 하면 싫어한다. '일단 손해를 보고 다음에 이익을 도모하자'라는 말이 아니다. 시급이 없더라도 상대를 위해 열심히 일하면 마침내 큰일이 들어온다. 너무 자기중심적으로 행동하지 말고 다른 사람을 위해 열심히 해보자.

그리고 칭찬을 아끼지 않고 하는 것이다. 그러면 행운의 바람이 불어올 것이다. 물론 운 좋은 사람의 원칙은 하나가 아니므로 이 책에서 일류가 된 다양한 사례를 통해 운을 자신의 것으로 만드는 자기만의 스타일을 찾았으면 좋겠다.

이 책이 운을 부르는 계기가 된다면 더없이 좋겠다.

'운'을 내 편으로 만드는 15가지 공식
일류로 만드는 운의 공식

초판 1쇄 인쇄 2025년 4월 24일 | **초판 1쇄 발행** 2025년 5월 7일

지은이 사이토 다카시
옮긴이 민경욱

편집 신효주 | **디자인** 봄에 | **마케팅** 용상철
제작·인쇄 도담프린팅
발행인 신수경 | **발행처** 드림셀러
출판등록 2021년 6월 2일(제2021-000048호)
주소 서울 관악구 남부순환로 1808, 615호 (우편번호 08787)
전화 02-878-6661 | **팩스** 0303-3444-6665 | **이메일** dreamseller73@naver.com
인스타그램 dreamseller_book | **블로그** blog.naver.com/dreamseller73

ISBN 979-11-92788-40-1 (03190)

- 책값은 뒤표지에 있습니다.
- 잘못 만들어진 책은 구입한 곳에서 바꾸어 드립니다.

※ 드림셀러는 당신의 꿈을 응원합니다.
　드림셀러는 여러분의 원고 투고와 책에 대한 아이디어를 기다립니다.
　주저하지 마시고 언제든지 이메일(dreamseller73@naver.com)로 보내주세요.